让学生学会阅读

群文阅读这样做

蒋军晶 著

中国人民大学出版社

·北京·

▍CONTENTS ▍目 录

1

第二章　文体与群文阅读

第三章 群文阅读实践

我在写这篇序时，蒋老师的教学影像倒带似的历历在目，其间，台湾小学语文教学的困顿与纠结，不时成为背景交互参照……

两岸相映，借鉴取长，意味深远。

您可能想问：为什么是蒋军晶？

一、因缘际会

第六届全国小学语文青年教师阅读教学评比活动中，赵镜中老师赴太原担任评审，同时带回视频责成玉贵从中挑出具有代表性的课例撰写观课评论，委由台湾小学语文研究会发行。其中，蒋老师的《月光曲》文本解读层层深入、独到，教学设计简洁有层次。虽然《月光曲》仍有浮动与空隙值得与蒋老师切磋商议，但他牵引自然，以学生为立足点，以学生为资源，设课精准，功力深厚。

初见蒋老师，是在2007年12月1日杭州长青小学"全国首届小学语文班级读书会"研讨活动中，镜中老师不克前往，临时委托玉贵代他演示"群文阅读教学"。两天研讨给玉贵留下了深刻印象的是蒋老师演示的"班级读书会"课例，它有别于我对自2002年起在香港、澳门、北京观摩过的大陆教师的所有课堂的印象。

当天，他执教米切尔·恩德的《毛毛——时间窃贼和一个小女孩的不可思议的故事》，让文学作品成为课堂的主要素材，解构开放，循序精准设问，贴近学生，依学生的回答引路展学，深入意涵，拓展广阔，令我大开眼界。在这之后，我在长春、厦门、上海也曾看过大陆其他老师上此书的读书讨论，其中皆有蒋老师设计的雏形与影子，不知是巧合，还是难以超越的模仿。

晚宴席间，蒋老师话不多，和他并未熟识。

同年12月28日第六届"两岸四地小学语文教学观摩活动"在北京召开，镜中老师告知我蒋老师也将与会，因此，我带着教学中所建立的两本学期读写教学档案，在会场刻意找到当时与王林老师一起与会的蒋老师，厚颜请蒋老师斧正指教。我承认，我完全是出于仰慕，刻意地亲近蒋老师。

2009年7月，我于浙江千岛湖为期两周的全国首届"班级读书会骨干教师研习班"中担任分组陪伴教师，蒋老师隐其功出任班长，与山东跃华学校李怀源校长代表培训教师每天参与培训检讨会，他聆听专注，话语不多。

2010年7月，蒋老师应台北县语文科辅导团之邀，来新北市展示《麋鹿》《趵突泉》《"凤辣子"初见林黛玉》三个课例，给未曾见识过大陆教学的台湾老师带来极大震撼。2011年2月，蒋老师应台湾小语会之邀，带来《飞向蓝天的恐龙》说明文教学与《这片土地是神圣的》议论文课例。唯独这次，玉贵公务在身，无法亲自观课。却因镜中老师骤逝，因缘际会于灵堂，意外仓皇见上一面。

二、为什么是蒋军晶

我喜欢蒋军晶老师。他，炉火尚未纯青，流派未判，课型未定，动向未明……

蒋老师炉火尚未纯青，因为他正在通往海涵与精致的途中惕厉磨炼、整合多样。蒋老师流派未定，但走在流派宣称的前沿，因为他还学于生，以学引教，以生为本——受纳学生原初理解为最珍贵的教学资源，据此专业引路、导学展学。正因如此，课型不定，泉源不绝；立足文本，循序展学；亲近学生，平等关怀。这是我喜欢蒋老师课堂的起因与主因。

蒋老师没有过度雕琢与刻意包装的"过渡语"，没有某些特级教师藏不住的权威与尊贵，他的音量、音质、音频与学生非常接近，引导着学生思考，与学生平起平坐。

近两三年，我经常借由大陆老师的教学视频，借用大陆的课文，让台湾老师与之"素颜以对"进行文本解读,着手教学设计,进而对比名师的课堂,评议名师教学的特色、优点与空间。其中,我最常选用的是蒋军晶老师的课例。

选择蒋老师的主要理由是:教师研修不是影友会,目的不该是亲炙明星一般的名师风采,回到教室依旧船过无痕;不该是欣赏精美包装的过渡语,感受设计奇巧之出彩,而课室中的自己却只能相形见绌。而是应该让研修的老师"看到"以何种姿态、何种声音、何种平等从学生的原初思维出发,进而导学;"看到"如何开放问题,海涵受纳,汇聚众议,引向重要的学习内容,聚焦重要语文能力的锻炼。

教师研修需要所有人都能像他具体学习的专业老师。也就是说,我们需要教学专业能清晰被看见、被学习、被顺利转移到一般老师身上的楷模。

我认识的大陆老师不多,虽然我努力分析过不少特级教师、名师的视频,但由于和蒋老师因缘际会,有几面之缘,他又是少数来台湾展示过不同课型的老师,当然就以他为学习榜样。

几次见面,匆促浅谈。蒋老师让我剧烈感受到他日积月累的海量阅读、大器解构却又精确掌握语文的教学企图。他的学习与见识、经验与突破,每年都在急速推进,即便我苦苦追赶,也只能气喘吁吁望尘莫及。

三、一点提醒:两岸相会,借鉴取长

王荣生教授在《语文科课程论基础》中指出,(当今语文教学)内容刻板僵化与随意性过大并存,教学花样百出与知识含量贫乏共生。其实,有一点点出了两岸明显极端的弊病:台湾小语仿佛站在沼泽湿地上,晃动漂移;大陆小语仿佛立在大陆板块上,坚固稳定。一方试图停靠,一方有待软化,二者皆渴望寻觅最适合自己温度与湿度的土壤,继续茁壮滋长。

(一)两岸立足点,着实不同

1. 先说台湾

台湾小学语文在1999年第一波课改以来这十几年间,有了以下发展倾向。

（1）1999年第一波课改时，"统整课程"从美国被介绍到台湾，并大力推行。

（2）课改将语文领域分化为三——语文、乡土语言、英语，因此，真正的语文教学时数几乎减半。

（3）课改以来，台湾的新兴议题从四个、六个发展到目前的九个，而且在持续增加。而新兴议题最容易、最常跟语文领域结合发展与实施。

（4）台湾举办的教案甄选比赛倾向于鼓励"多元""活泼""创意""统整""与议题相结合""与其他领域统整"。

综上所述，大陆老师会看到台湾的语文课堂活动化、外延化、自主化、缤纷化……语文经常只教到"议题"与"内容"，语文味儿稀薄，语文意识淡薄——"经常没有在上语文，甚而不自知"（王崧舟语）。

2．再论大陆

大陆老师受到评职称影响，经常需要通过赛课来评级。他们上有主任、校长，外有教研员、专家，层层把关，勤管严教。依我观察，大陆老师入职三到五年内，便已达到中等教学水平，语文教学质量得以保证。再有就是有一些影响教师快速成长的机制，如大型赛课中出线的名师、全国著名特级教师给一线教师提供观摩学习的公开课。

上述把关、评比、学习、模仿，一方面，在短时间内将大陆老师的教学水平拉到中等；另一方面，却会牵制老师的自主见解，磨平老师的独有特性，锁住老师们原本灵活的穴道。

每当台湾老师见识到大陆老师过渡语精准、朗诵声情并茂，学生口语表达完整清晰，课堂容量、密度极大时，就汗颜不已！每当大陆老师观摩台湾课堂师生关系融洽、步调松散、延伸拓展、教师关照每个学生时，就不禁省思向来僵固不敢逾越、急急催赶所为何事。

两岸所立足处，差异巨大。因此，我们把对方当镜子，一见倾心也惊心。

（二）如何互相借鉴，如何镜照两岸相会

教育很难比较好坏，因为关涉价值判断。越简化的比较，就会得到越浅

化、越没有价值的结论。台湾有台湾的难题，大陆有大陆的困顿。

吴刚平教授2007年提出"教学的课程意识"概念，指出，课堂教学的良窳，不能仅以课堂检省，需置于课程框架检视。何况，课程之外，尚有孩子的个性、健康、志趣、内在动力、情感、悠游自在，这些才更是孩子这一生真实生活的重要成分。

（三）两岸相会"课堂"，"课堂"是相互理解最美的开始

分析大陆的课例，对台湾的小学语文教学意义深刻。因为第一，大陆课文相较于台湾课文，差异可简要概括如下：词语生难、语言简练、结构清晰、经验缺乏；第二，大陆一册课文30—40课，而台湾只有14课；第三，台湾课文与大陆课文相比，不但数量不及三分之一，且内容相对浅白；第四，大陆课文生难、量大，每课约两课时必须教完，台湾课文浅白、量少，每课最少约六节课才能上完。

两岸小语的差异必然存在许多值得台湾深切回顾、检视与深思之处。以下仅就蒋军晶老师的《月光曲》《趵突泉》《麋鹿》《飞向蓝天的恐龙》四个课例谈谈对台湾的提醒与启示。

（1）蒋老师阅读教学的结构：从熟读全文入手，依文深究，读出写法，向读学写，读写结合。

（2）蒋老师的语文课堂聚焦于阅读方法、领悟表达、综合实践。

（3）蒋老师的语文课堂用很多相关的文本知识与经验，来补充学生的背景知识与经验。

（4）蒋老师无处不教朗读，且朗读与阅读理解密切结合。

（5）蒋老师的词语教学详略有别，与阅读理解密切结合。

（6）蒋老师的阅读策略教学循序灵活、有机整合、贯穿全课。

（7）蒋老师的阅读理解兼顾领悟表达、读出写法、向读学写。

（8）蒋老师的每节课都试图使教师主导结构转向，走出IRE结构（即"教师引导——学生回应——教师评价"结构）。

(9) 蒋老师在小语课堂上的角色为"备而待用"的充分准备者。

(10) 蒋老师在课堂上实时、正向、具体、有效导学。

结　语

蒋老师必定是一位课外广读、课内深读的读者，这样方能以生为本编织有机、灵动的语文课堂。因为从这几个课例可以看出，蒋老师并不是准备来"讲述"与"灌输"的。由于课前预想了篇章各处的教学重点，所以他能在恰当引导的前提下，信手拈来。如此一来，课堂既具有开放探究的空间，又不失清晰的教学理路。

教师充分解读教材，才能顺利将之转化成教学活动。蒋老师像剥洋葱一般，领着学生一次又一次带着不同的目的、站在不同的角度、运用不同的阅读方法进出文本，来来回回，每次再回到文本时则有新的领略。

我没有蒋老师如此丰富的展示公开课的经验，我一上公开课就难免既急又赶，总怕一节课未能"充分"展示教学构思。而蒋老师的课堂，看起来节奏温煦平稳，不免想问一问大家：蒋老师的课堂，是不是"高效"？

我想引用吴刚平教授所提的"高效课堂"的概念，供大家当作检视蒋老师课堂的框架。吴刚平教授指出高效课堂体现于"效果""效率"和"效益"三个方面。

"效果"指教学结果与预期教学目标的吻合度，反映课堂的扎实程度；"效率"指取得的效果与投入的时间、资源的关系，反映课堂的充实程度；"效益"指教学过程及结果的整体收益，反映课堂的价值实现程度。高效课堂是这三方面共同发挥作用的结果。

高效课堂从"内部"和"过程"检视，就是学生"学会""会学""想学"。高效课堂关注的是学生在课堂上学到了什么，所以衡量课堂是否高效的唯一标准就是学生获得的具体进步和发展。这一标准包括以下四个方面。

第一，生命性。生命性课堂是交互式对话的场域，学生总是保持主动、积极的学习状态，踊跃参与互动，把学习当作一种乐趣和积极情感体验的活动。

第二，生成性。课堂教学并不完全按照预设结果进行，是师生情感、智慧、能力的共同投入，充分激发学生的思维和创造力，学生的学习是生成的、动态的过程，不断建构新的意义。

　　第三，全体性。高效课堂不能仅仅反映在少数学生的发展变化上，而要体现为全员参与和全体进步的结果，是尊重个体差异和满足不同学生需求的全体发展。

　　第四，全面性。高效课堂所追求的学生发展是学生作为完整的人的整体发展，包括涉入自然、社会以及与他人交往的全面学习活动，学生情感、态度和价值观等在内的全面提高。

　　不知您觉得蒋老师温煦如春、平缓如坡的课堂，是否高效？

李玉贵

2016年3月

　　（李玉贵，语文教育专家。台北市实验小学教师。曾获"台北市特殊优良教师""阅读典范教师""学教翻转创意教师"等荣誉。近年来致力于两岸语文教学交流。）

台湾作家张晓风写过《我交给你们一个孩子》，这是一篇让人潸然泪下的文章，尽管里面并没有煽情的桥段。

后来，很多家长移用这个标题追问教育："今天，我交给你们一个孩子，明天，你们该还给我一个怎样的青年？"每个家长都在心里追问，因为孩子的未来是我们期盼和活着的底气。

这么多家长在追问，那我们当老师的是否该一日三省："我们应该培养怎样的孩子？我们可以还给家长一个怎样的孩子？"教育不是塑造，我们不能百分之百决定孩子的成长方向，但教育肯定可以做到助力成长，最大限度地影响孩子的心性涵养。反省并不是迎合家长、谄媚时俗，反省是让我们在非教育因素干扰越来越大、越来越多的今天，确认一个老师应该有的信念。吴非的《不跪着教书》、管建刚的《一线教师》之所以深受一线教师欢迎，是因为他们在书中真诚地思考，切实地反省。

作为教师，我想培养怎样的孩子？

首先，我希望孩子们是爱生活的，是向往精神生活的

有一次，已经退休的王燕骅老师来听课。被听的是一名年轻老师，课在技术上有这样那样的问题，单位时间里的任何课，都是顾此失彼的。王老师简单分析了一下得失利弊，最后笑容满面地对年轻老师说："我觉得你的课有一个特点，就是蛮注重精神生活的，你说话很自然，有时还会开个玩笑，跟学生调侃几句，挺好的。"

这句话，一下子戳中了我的感动点。我们的教育已经慢慢异化为一种密

集的知识的传递，异化为简单的听、讲、练、习。很多老师过度追求效率，分数成了王牌通行证。

孩子们到了学校后只见生硬的"教"，没有柔软的"育"；只有枯燥、快速的"习"，没有生动、缓慢的"学"。孩子们毕业以后，检索一下，似乎没有过共同的期盼，没有过同甘共苦，没有过同仇敌忾，没有过众志成城，没有过独有的可以炫耀的体验，总之，没有刻骨铭心的回忆，没有精神生活。

我的搭班老师陆白琦是追求精神生活的。她那种小资情调、文艺范儿决定了她喜欢变化，喜欢制造惊喜，喜欢感动和浪漫。或许她这样做只是为了提升自己的职业幸福感。教师这份工作你可以把它做得一板一眼，一成不变几十年挨过去，学生也跟你一起挨过去；也可以把它经营得风生水起、创意无限，你愉悦着，学生也跟你一起愉悦着。

我也喜欢这样的教育生活，我希望孩子们能在学校里过这样一种精神生活。

我带孩子们去见美国的名师雷夫，我邀请美国童书作家——《我是一支爱写作的铅笔》的作者山姆·史沃普给孩子们上课，我和陆白琦带孩子们去"纯真年代"书吧，我带孩子们开展为期一周的PM2.5调查，我让孩子们创编《兰德里校园报》，我在班里开设班级影院……这些都是在努力创造这样一种精神生活。

我能清晰地回忆出班级影院放映的场景。"六一"儿童节那天，六（2）班的孩子和他们的爸爸妈妈都集中到学校的大礼堂里看电影。这可不是简单的集中，班级影院是有放映员、售票员、引导员的，是有海报、电影票的……爸爸妈妈和孩子们坐在一起，或许他们已经很长时间没有坐在一起了。可是，就在那个傍晚，他们寒暄着，看着孩子们忙忙碌碌，等待夜幕降临，然后坐下来，让屏幕上的影像在自己脸上闪动一个半小时。影片结束散场时，一个妈妈拉着爸爸的手说："我们快三年没有一起看电影了。"一个孩子坐在自行车后座上剖析电影的意义，因为妈妈笑着说自己看不懂……这些情景本身就像一部电影。

是的，IT、工业技术、医学等在推动人类社会的发展，但是我们不要忽略了，只有诗歌、体育、浪漫、对生活的热爱等才使人感受到存在的意义。

我相信，教室里的精神生活是最宝贵的，这种精神生活将陪伴孩子一生。

其次，我希望孩子们是会思考、会发现的

苏联的克鲁普斯卡娅在20世纪初就提醒人们，学校里不能只发现记忆力，因为一个记忆力不好的儿童往往可能是很有能力、很有才华的人。而几十年过去了，我们的教育，特别是我所执教的"语文教学"还热衷于发现记忆：读课文、讲述、背诵。我们的语文课上，缺少思考，缺少探索，缺少发现。我希望孩子们成为应试高手，因为这会让他们进入这个社会的上升通道，让他们的工作、婚恋有更多选择的可能性。但是，除了应试，我更希望孩子们学会独立，学会思考，学会发现。因为这是一个多元共生、众声喧哗的社会。这是一个信息繁杂，"没有真相是最大的真相"的社会。这是一个选择无限多导致选择困惑的社会。不会思考，会变得很可怕。不会思考的孩子不是傻瓜，就是愤青。傻瓜是不懂，愤青是走极端。

我们的很多教育不是在培养孩子思考、发现的能力。

有些课，班额小了，技术现代了，有小组了，也有形式上的讨论了，但教室里依然明显有权威的存在。权威跟引导是不一样的，权威是控制，是"只能听我的"。在永远"只能听我的"的环境里，孩子们是不会思考的。

有些课，知识量是大的，训练强度是够的。我也不否认，很多时候，学习需要积累，需要反复操练，但是如果我们的教学让孩子们练了一个月的口算，而不愿花一点点时间儿童化地探索为什么1+1等于2，这是对的吗？如果让孩子们背了两年《三字经》，而从来没有思考过为什么要让他们背《三字经》，从来没有引导他们思考过《三字经》里到底有哪些精华，或者有什么糟粕，这是对的吗？《三字经》里就没有糟粕吗？

"己所不欲，勿施于人。"要让孩子们学会思考，学会探索，我们老师就要学会思考，学会探索。我们会吗？思考产自积累。我们有阅读的兴趣吗？我们经常阅读吗？思考引导实践。我们自己能排除干扰，坚持自己的主见吗？我们有自己明晰的教育主张吗？

因为这样反思，常常让自己汗流浃背，觉得自己的积累离自己的教育理想太遥远了，所以告诫自己要不断努力。这两年，我一直通过课程建设逼迫

自己排除各种耀眼的吸引和纷繁的干扰，静下心来读书、思考。两本关于精读教学和班级读书会的专著的撰写、一套12卷的《群文阅读——新语文读本》的编写确实耗费了我大量精力，几乎所有的旅途和闲暇时间、几乎所有的夜晚，我都在读啊，写啊。后面还会有几本关于诗词、整本书、写作的课程产品。我想系统构建我的群文课程，这个课程的核心就是引导孩子们在阅读中学会思考、学会发现。而我自己也在设计课程的过程中学会思考，学会发现。

　　"我"还给你们一个怎样的孩子？没有具体的特指，而是一种隐喻式的思考。

第一章

什么是群文阅读

群文阅读到底长什么样

2007年，台湾的陈易志老师在南京的一次教学研讨会上上了一节群文阅读课。课上他让学生读了6篇文章——《石头汤》《雷公糕》《南瓜汤》《敌人派》《爷爷的肉丸子汤》《兔子蛋糕》（绘本），然后鼓励学生进行比较阅读（内容、叙写手法、文学要点的比较），引导学生进行交错分析（《石头汤》里的和尚会如何解决《敌人派》里的困难）。现场听课的一位老师即时记录下听课的感受："这节冷清的课，只有教师温柔平静的声音通过话筒在会场中传播，孩子们在忙着看书、思考、陈述、倾听。的确是不够热闹，如果放到我们的公开课评审系统中，估计连入场的资格都没有。但是这的的确确是一节阅读课，一节真正让学生学习阅读的阅读课。"那么我们的课堂，能否接纳这样的教学？很显然，听课的老师对群文阅读感到非常新鲜，有点儿惊异，觉得与我们传统的课文教学有点儿格格不入，但又直觉到它的巨大价值，内心处于一种想尝试又不敢涉足的矛盾中。

2009年左右，台湾的赵镜中教授在描述台湾课程改革后阅读教学的变化时曾提及"群文阅读"这个词："学生的阅读量开始增加，虽然教师还是习惯于单篇课文的教学，但随着统整课程概念的推广，教师也开始尝试群文的阅读教学活动，结合教材及课外读物，针对相同的议题，进行多文本的阅读教学。"这段话里，出现了"群文"这个概念，并且大致描述了群文阅读的特征：同一个议题、多个文本、探索性教学。

2010年，我上了一节群文阅读研究课"世界是怎么形成的"。课上，我让学生读了7篇文章：一篇科普文《宇宙大爆炸》和六篇神话《诸神创世》《淤能棋吕岛》《盘古开天地》《始祖大梵天》《阿胡拉·马兹达》《巨人伊密尔》。这堂课的阅读量、思维含量使这堂课非常受人瞩目，它成为后面群文阅读理论文章引用率最高的一个课例。

之后，在教学研究场合，开始陆陆续续出现一些群文阅读的课例。

王林博士撰文称："一种语文教学的新形式，一场语文教学静悄悄的变革正在语文教育界酝酿、思考、实践，这就是群文阅读。"

那么，到底什么是群文阅读？

我的回答是——**群文阅读就是在较短的单位时间内，针对一个议题，进行多文本的阅读教学。**

这个定义里有几个关键词，需要解析。

较短的时间——一个班级一个星期读了三四篇文章，然后围绕这几篇文章展开讨论，这不是群文阅读，因为这个阅读过程跟日常的自由阅读没有差别，在阅读速度、阅读目的上没什么压力和要求。那么，较短的单位时间，短到什么程度呢？这没有清晰的量化的规定，从教学习惯来看，一般指一节课或者两节课。

议题——群文阅读课上让孩子们读的几篇文章，肯定不是随随便便放在一起的。它们放在一起肯定是有依据的。这个依据就是议题。议题可以是人文主题，也可以是作者、体裁、写作风格、表达方式、阅读策略等，非常丰富，非常多元。因此，我把这个依据称为"议题"，而不是"主题"。

多文本——与群文阅读相对应的是单篇阅读，因此，群文阅读课上，教学文本至少要用到两篇，一般是3—5篇，而且文本之间没有明显的主次之分。一篇为主，其余几篇作为辅助资料帮助孩子们理解"那一篇"，也不是群文阅读。

教学——群文阅读课上，孩子们读完几篇文章后，会面对相应的问题、话题或者任务，思考、讨论、发现、练习。只有阅与读，没有教与学，也不是群文阅读。

群文阅读与单篇阅读（课文阅读）有什么区别

在推广群文阅读的时候，很多人会忍不住问：群文阅读教学与课文阅读教学除了读的文章数量不同，到底区别在哪里？下面这张表格罗列了两者之间主要的不同点。

课文阅读教学	群文阅读教学
比较强调逐字阅读、朗读和美读	通常以默读为主，重视跳读、浏览、略读，结合引用性的朗读
大多是老师问问题，学生回答的模式，在问与答中引导出标准答案和统一模式	学生主动设计讨论话题，自己说出自己的经验，没有固定答案
引导完整句子或正确句法的练习与表达	重在让学生表达出自己的真实想法，是"闲谈"的风格
以课文为主，一篇一篇地读，注意文章内部结构	以一组一组文章为主，强调在一组文章中找到共同聊的话题
语文教育专家或教材编写者选编的读物	教师、学生依据自己的语文程度和兴趣选择文章
认识生字后再阅读，精读、深读	在阅读中识字，略读、跳读
学习过程依照课文内容直线进行，配合练习作业	多层次的内容同时进行，没有特定的作业
通过考试来测试效果	重在过程性评价

上面的表格已经比较简洁、清晰、完整地呈现了群文阅读教学与课文阅读教学的区别。下面稍做解释。

（1）课文阅读教学是以范文为主，一篇一篇地教。这些文章都经过专家的修改、调整以及审查，所以在结构和手法上都比较单纯、一致。教师在课堂上会比较在乎文本的意义，比较强势地挖掘并让学生掌握作者在这篇文章中主要阐述的观点和意义。群文阅读教学所选择的文本相对是完整的，保有作者个人的风格，它们在立论、观点、结构以及情节上，具有相当的差异。教师在课堂上会鼓励孩子们采取探究的态度阅读，重视个人对阅读的理解，重视文与文、书与书、书与人之间的联结。

（2）课文阅读教学，教师的主导性强，课堂以教师讲解、批改、订正为主,学生跟着教师学,教师定出学习的目标和标准。群文阅读教学以学生为主导,鼓励学生提问、讨论。教师提供不同的策略、方法,帮助学生读懂文章、建构意义,最终希望发展他们的自学能力。

(3)课文阅读教学评价的内容主要是相关的知识、技能,题目会紧扣课文来出,多半是有标准答案的。群文阅读教学注重各种不同层次的理解,重视学生的批判与反思意识,会以不同的文章作为出题的范围。

群文阅读与主题阅读有什么区别

也有人会问:现在有的专家在推广群文阅读,有的专家在强调主题阅读,两者到底有什么区别?下面这张表格比较清晰地列举了它们之间三个最大的差异。

主题阅读	群文阅读
文章组合的依据主要是人文主题,例如友情、人与自然、父母之爱……	文章组合的依据比较多元,更注重阅读策略、表达方式方面的议题
通过多篇文章的阅读,对某一个主题形成相对统一的认识	围绕一个话题,让学生说出自己的经验,没有固定答案
更多采用链接阅读,一篇为主,其余几篇为辅	更多采用比较阅读,多篇并重

当然,当你把这个问题抛向相关专家,尤其是主题阅读和群文阅读的倡导者时,他们未必会承认这种差异。因为他们会把自己推广的"概念"解释得相当圆满,没有什么缺陷和漏洞,正所谓"自圆其说"。

但是我们有时要把自己当作旁观者,大量收集主题阅读和群文阅读的案例,就会发现,他们的实践呈现出比较明显的倾向性。这种实践倾向性才是比较研究最主要的素材,上面这张表格就是在大量真实案例中比较出来的。

[附]

群文阅读教学的理论基础

实际上，群文阅读并不是凭空降临的，大陆早有专家进行了类似的实验和研究。例如，北京师范大学何克抗教授的"基础教育'跨越式教学'"，特级教师霍懋征的"一篇带多篇"的教学模式、窦桂梅的"主题单元教学"、李怀源的"单元整组教学"，都在群文阅读方面进行了有力的探索，目标都指向了语文课堂的变革。

"群文阅读"概念的提出，并不是无源之水，它有着深厚的理论基础和实践前提。这些理论基础既有来自国外的教育哲学的提炼，也有国内小学语文界的改革和探索。

Kintsch的建构—统整模式

Kintsch（1988）提出建构—统整模式，描述读者如何回应目前阅读的文本（Kintsch称之为microstructure，即局部结构或微观结构），以及如何将目前的文本跟其他内容联结起来（Kintsch称之为macrostructure，即总体结构或宏观结构）。根据他的模式，在微观层次，读者创造出文本的表征以进行几项活动：核对在文本中读到的说明，回答有关文本的问题，回忆及概述文本内容。在不只是单一文本的更深层次，即宏观层次，读者能够提供文本当中未明白详述的讯息，并且主动地进行推论，将文本跟读者先前的阅读或已知联结起来。更进一步，读者会统整目前文本提供的讯息和先前的知识，重新组织和建构他对整个知识领域的理解，而非只是理解刚读过的文本。最后，读者所产生的心理表征，让他对新旧文本有更深入的理解，而读者获得的新知识也能够应用在新环境下，解决意料之外的问题。Kintsch的阅读理论是从心理学出发的。

Rosenblatt的读者回应理论和阅读交易理论

Rosenblatt（1938，1978）的*Literature as Exploration*于1938年出版，是一本革命性的著作，因为当时是"新批评主义"盛行的年代，人们非常尊崇专业文学评论者，认为他们在文学诠释上有最终发言权，但Rosenblatt却大胆地提倡每位读者都有权利诠释文本。事实上，我们的文学评论也有这个现象，读者都以大师的诠释为标准。在教学现场，尊崇大师的想法，强迫学生不只背诵古文名著本身，可能花费更多时间记忆学者、专家的注释或注解。Rosenblatt在她的读者回应理论中提出，读者有多元背景和角度，对某个文本的许多不同反应和诠释都应该受到尊重，而且就文学阅读教学而言，每个读者的诠释都是非常重要的。她强调，意义不在文本之中，意义是在读者的心中。这个想法开启了读者自由理解的权利，因此也开启了教导学生建构自己的意义和运用理解策略的教育理念。当时Rosenblatt谈的，主要是文学作品和文学批评。四十年后，Rosenblatt出版了另一本影响深远的著作——The Reader, the Text, the Poem，将阅读描述成一个读者和文本之间的交易或互动。交易有两种——资讯交易或美学交易，产生两种不同的阅读立场——输出立场（efferent stance）和美学立场（aesthetic stance）。美学阅读指的是文学阅读，她认为阅读小说和诗歌最有效的方式是采用美学立场，它能让读者有"虚拟实境的经验"，跟人物产生联结并投入情感。在阅读小说时，读者的目的是要身历情境地体验他跟文本之间的关系，甚至可能会幻想他自己是故事的一部分。阅读非虚构（资讯类）文本最有效的方式则是采用输出立场，此时读者关心的是收集资讯，以便在真实世界中使用。输出立场代表读者关注的是知识、事实和最终的理解。读者的目的是要从文本中"拿走"相关资讯，或整合出完整想法。当文本充满大量资讯时，读者不能只是努力苦读，他必须脱离文本，以外人的眼光来看文本，他要停、想、反应、综合资讯，抽取他需要用的资讯，可能做一些笔记或回顾先前阅读的文本，下一步的阅读方式和诠释可能跟着调整。阅读立场的想法显示，读者会依不同的阅读目的而调整阅读方法。虽然Rosenblatt坚持无论是阅读文学还是科学文本，这两个立场是同时存在的，但是，她的理论引导我们更深入地去看不同的文本类型，特别是资讯类文本，以及读者要理解这些文本可以使用的策略。

文本互织（intertextuality）的理论

多文本的联结，在文献上称为"文本互织"，也翻译为"互文性"，是本文的核心概念。文本互织的意义最少有两种：第一种应用在文学中的文本分析，第二种应用在阅读心理学中。根据Wilkie（1996）的文献回顾，此词最早由法国学者Kristeva（1969，引用自Wilkie 1996）提出。随后，她在1974和1984年的论文中发挥了Bakhtin（1973）的理念：一个词有三种意义向度——作者的意思、文本中的意思以及该词在其他相关文本中的意思。Bakhtin指出，其他文本的意思也会影响到焦点文本（focused text）的意思。例如，当一个作者在文本中引用孟子的"五十步笑百步"时，这句话就会有两个意思：一个是孟子原文的意思，另一个是新文本中的意思。这个新的意思，可能改变了原文的意思。以上是文本互织在文学中的应用，它在文本意思上发生作用。第二种文本互织是在读者的脑海中产生作用。Stephens（1992）说："The production of meaning from the interrelationships between audience, text, other texts, and the socio-cultural determinations of significance, is a process which may be conveniently summed up in the term intertextuality."从读者、文本、其他文本，以及重要的社会文化影响的交互关系中制造意义，这个历程可以用"文本互织"一词来总括。Stephens（1992）认为这个建构意义的历程非常主观，把文本交织的主观性称为intersubjectivity。他辨别了焦点文本和其他文本的七种关系：1. 被引用的文本：这是最清楚的关系，因为焦点文本中直接引用或提及了另外的文本。2. 读者熟悉的文本：作者不必直接引用《西游记》，只要提到"孙悟空"，大部分读者都会做出适当的联想。3. 常用的成语或象征：作者用"守株待兔"做比喻，就会唤起读者对故事的联想。4. 熟悉的文类：例如神话或寓言，有较固定的人物类型和故事结构，引起读者的联结和理解方式。5. 历史上或时事中的事件：假如文本中提到美国"9·11"事件或日本"3·11"大地震，不必多加描述，自然就会唤起读者的联想和相关意义。6. 流行的歌曲、电影和电视广告：唤起读者已有的图像、音乐和文字。7. 后来读到的其他文本。文本互织、语言文本层级和认知层级之间的联结可能同时产生作用：在文本层级，有不少研究曾经探讨过跨文本的参照和意义的相互关联性；在认知层级，当读者阅读主题相关的文章时，文本互织便在他们的心中产生。Hartman

（1995）说明读者如何在多文本之间调整转换，将某个文本融入另一个文本，交织文本拼成一幅镶嵌画像。他分析了八个大学生的阅读历程，显示读者会做各种不同的联结，联结他们在不同文本中看到和记得的讯息，在彼此关系的参照下，了解文章段落的意义。这些能力可能是在中小学阶段的阅读中发展出来的，但我们需要更多的研究资料，来发掘产生文本互织的过程中需要哪些认知能力和阅读理解策略，以及它们是如何运作的。

上述三个理论基础，知识的解放旨趣构成了群文阅读教学的目的论基础，让我们认识到阅读就是解放，就是开拓思维，不断创新；现代解释学构成了群文阅读教学的本体论基础，让我们认识到阅读就是一个理解和解释的过程，就是不同视界的融合；认知融贯论构成了群文阅读教学的方法论基础，让我们认识到阅读必须基于多文本和多元视野，从而发现阅读的文化之根，在阅读中体验生命的节律。

（吴敏而）

群文阅读对学生的意义

经常会有老师问："在学生读了大量一篇一篇的文章之后，为什么还要进行群文阅读？群文阅读对学生有什么意义？"

练习默读、浏览等无声视读

20世纪末以来，在信息爆炸式增长的社会，各种学科不断细分，各类学科知识呈几何倍增。资料统计表明，人类文明发展前5000年的文献资料，还不如如今一年出版的多：英国出版了一部《世界文学著作目录》，有754卷，577200页，两吨重。而人80%的知识是通过阅读获得的，传统的逐字阅读方式已无法适应知识量的增长。现代人更多采用默读、浏览等无声视读。

但是，课文教学把过多时间用来练习有感情朗读（法国教育部早在1972年就将无声视读落实到实践中，将之正式定为阅读教学的真正目标。因此，朗读作为教育体制的首选手段和最终目标的地位，在20世纪70年代的法国已经受到严重动摇），生活中用得最多的默读、浏览等阅读方式却被忽视了。有的人认为默读等无声视读不需要练习。这完全错了，苏联教育家经过长期的实验研究，得出了小学阶段阅读技能达到半自动化的量化指标，其中快速阅读技能的形成，需要2000小时以上的练习，按6年算，每周大约需要7个小时的练习。

群文阅读，就是要让孩子们意识到阅读可以只依靠眼睛，而无须依赖声音；让他们认识到日常生活中毕竟精读少，默读、浏览反而是最常用、最有用的；让他们练习并实践默读、浏览等无声视读。

提升阅读速度

我发现很多孩子的阅读速度偏慢，一本书经常一个星期都读不完。到了三年级，一定要开始强调阅读速度，除非有特别的阅读障碍，不允许孩子指着文字慢慢地逐字逐字读。过去，信息交流缓慢，不够准确，有限并且昂贵；如今，交流变得快捷、相对准确、无限而且廉价。我们身处于"海量阅读"的时代，浩如烟海的信息要求每一位成熟的读者每天进行理性选择、分析和理解。因此，那些可以帮助我们获取信息、更适于思考的阅读方式，如略读、速读、跳读等，理应得到我们的重视。

2014年在华东师范大学举行的首届语文教育论坛"百年语文的回顾与展望"上，北京大学中文系、教育部基础教育课程教材专家工作委员会委员温儒敏教授分析了未来语文高考命题可能发生的六大变化，其中变化之一就是：有意识地考查读书情况，包括课外阅读、经典阅读、阅读面与阅读品位。与此同时，也要有意识地考查阅读速度。未来语文高考阅读量会大增，有可能会有25%的学生来不及做完试卷。来不及做不是因为题目多了，而是因为文章长了，需要考生有很快的阅读速度与很强的阅读能力。

群文阅读，就是要让孩子们学习和实践这些阅读方式，让他们不断尝试在40分钟里读完4篇、8篇甚至更多文章。一定要强调阅读速度，甚至直接教给他们提升阅读速度的方法。可以这么理解，在孩子还不能以一定速度阅读整本书之前，群文阅读是一种非常好的可操作的练习方式。

适应真实的阅读材料

怎么理解真实的阅读材料？它有三个特点：一是完整的，二是有多种呈现方式，三是复杂的。

现实中，我们每天要阅读那些内容跳跃，穿插倒叙、插叙，结构呈网络状的文章，而我们教材中的文章往往是经过删减、结构相对简单、不完整的文章。

现实中，我们每天面对的是非连续性阅读，车票、导览图、说明书……图文交杂，呈现方式复杂、多元，而我们教材中的文章都是连续性文章。

现实中，我们每天身处于浩如烟海的信息中，碎片化知识越来越多，新闻越来越杂，话题越来越爆，什么都是来得快去得快，而我们的教材文章往往都是经过修饰、去情境化、有明晰的道德告诉和知识呈现的文章。

群文阅读，就是要强调对真实的阅读材料的模拟，多创造机会让孩子们接触真实、多元的文本，练习真实、实用的阅读策略；帮助他们从只能理解清晰的道德训诫、明确的叙述环境发展到能够领悟较高层次的细腻的道德内涵、复杂的叙述以及不确定的情境；让他们学习整合散乱无序的信息，把信息提升为知识，有效地比较，能不为流行的群体性情绪所左右，能做出自我分析、决断。

就现代读者来说，如果不适应真实的阅读材料，不具备真实、实用的阅读策略，个人就会变成一只无头苍蝇，在信息海洋中茫然不知方向，成为信息的奴隶。

练习单篇阅读很难练习的阅读策略

群文阅读除了读得快一些、多一些以外，还需要多种阅读能力，如提取和筛选信息、记忆、推论、比较、整合、分析、判断、创造等。其中有一些是群文阅读中比较突出或特有的。

求同。找出文本的共同点。比如一组写父母之爱的文章，爱的方式各不相同，有的慈祥，有的严厉，但透过这些表现，我们可以找出它们的共同之处。读完这些文章，为了加强或印证自己的认识，可以再找类似的文章阅读。

比异。找出文本的差异。这种差异可能是事实的差异，也可能是情感、观点的差异，或者是表达方法的差异。比如同样是写过年，老舍的《北京的春节》中是热闹、欢乐，而梁实秋的《过年》中是无聊、累。发现这些差异之后，往往还需要进一步追溯背后的原因。比如，日本电影《罗生门》中，对同一事件，不同的人叙述起来完全不同，原因是各人与这一事件有不同的利害关系。不同民族"创世纪"神话的差异，不可避免地带有本民族先人生活环境的痕迹。

整合。文本所叙述的事实或讨论的问题是相同的，但呈现材料的角度不同，或者呈现的是"碎片"，需要读者"拼装"。比如鲁迅，有人说他是伟人，有人说他只是常人；有人说他尖酸刻薄，有人说他亲切随和。读不同的人对他的回忆，可以整合出比较完整的鲁迅形象。在整合中常常会发现某些疑问，这可以促使读者进一步查找资料，主动拓展阅读。

判断。今日社会，人的主体性越来越强，价值观念也日趋多元。表现在阅读上，一些文本在事实、观念、情感、表达方法等方面各不相同，读者不能简单盲从，不能"唯书""唯上"，而要对不同文本的真伪、是非、优劣等做出自己的判断。诸如"根据阅读材料，你想不想去南极洲""这两种介绍南极洲的文章，你更喜欢哪一种"一类问题，就需要读者做出判断（这种判断往往也是多元，而不是唯一的）。

以上四种阅读策略，可以分散到高年级四册教材中，每册各有重点，列表说明如下。

主题或文体	阅读策略	延伸技能	选文方向
相同	求同	再找类似文章阅读	同一主题，但内容或写法不同的文章，如"人与动物和谐相处"
	整合	发现不足，提出问题，寻找新的资料	同一主题，但表述角度不同，可以互补的文章，如"关于雾霾"
不同	比异	寻求差异产生的原因	同一题材，但观点、情感、表达方法不同的文章，如"过年"
	判断	提出新的想法	同一题材，但内容和观点差异明显，需要读者做出判断的文章，如"个儿大的草莓能不能吃"

以上四种阅读策略，在单篇阅读中是很难练习到的。

因为单篇文章往往只呈现一种事实、一种表达、一种情感、一种风格，我们和谁比？怎么比？比较不了！

因为单篇文章往往只呈现单一信息、单一事实、单一形象，我们没办法进行信息的汇总与整理，没办法进行多元分析，没办法做出比较客观、全面的评价……整合不了！

因为单篇文章往往只呈现作者的一种观点、一种评价、一种情境，我们没办法做出比较正确、客观的判断，而且我们的教材里的单篇文章，更难练习判断（绝大部分国家的教材，都强调要体现国家意志）。判断不了！

群文阅读，就可以依凭多文本的独特优势，教孩子们一些单篇阅读中很难练习到的阅读策略，让他们多了解、多练习。一旦他们掌握了多种阅读策略，思考复杂情境中的问题的能力就会提升。

感受、学习接近文学的表达

我们一直强调语文课要教表达。

在大量家常课中，我们在教什么表达？无非就是近义词、反义词、多音字、一字多义、被字句改成把字句、把字句改成被字句、修改病句、一个字好在哪里、概括段落大意……教来教去，教到六年级，都是教这些东西。这些表达都是语言、语法层面的。

然而，除了这些表达之外，还有接近文学的表达：文学里的幽默与讽刺、人物态度和想法的改变对情节发展的影响、文化习俗对故事情节的影响、天气的描述所营造的气氛、时间的描述所营造的气氛、故事中的转折、故事里的主角与配角、故事的高潮、日记和信在文学中的运用、事物的象征意义等。

群文阅读，就是要更集中、更结构化地呈现一种表达方式，让孩子们感受、学习独特的表达方式，发现文学的奥秘，发现故事的密码，发现写作的技巧。

练习复杂情境中的思考力

群文阅读追求在有限时间内让学生经历较高水平的探究性阅读，体验发现的乐趣。有人会问，难道单篇文章的阅读教学中就没有发现吗？当然有，不过在单篇文章的阅读教学中，发现往往是借助教师的"讲"和"问"，由教师层层递进的环节设置诱导出来的。这样的发现，现实的模拟性不够强。而群文阅读，通过文章的结构化组合以引发困惑，启动思考，最终导出发现。

在实践中，我们发现"明显的异同点可以启动思考，引发探究"。于是，我们将经典幻想小说的开头放在一起，孩子们便能自己归纳出幻想小说的一个特点：幻想小说中的世界一般是二元世界——现实世界和虚幻世界，二者可以往来"穿梭"。而从现实世界到虚幻世界，总有一个特定的"入口"，如《哈利·波特》里的"九又四分之三"车站、《纳尼亚传奇》里的古老橱柜、《毛毛——时间窃贼和一个小女孩的不可思议的故事》里的"从没巷"等，这让孩子们大开眼界，兴趣盎然，并且借由这组文章投入新的探究。

我们也发现"强烈的认知冲突可以启动思考，引发探究"。例如，在《愚公移山》群文阅读课中，我们把两个版本的"愚公移山"放在一起。一个是传统版的《愚公移山》，出自《列子·汤问》，它的寓意是做事要坚持不懈，坚持到底就是胜利；另一个是美国绘本《明锣移山》，是讲一对夫妻要移山，但解决方式与《愚公移山》完全不一样，他们是通过搬家移掉了挡在面前的高山。两种不同的解决方式形成了强烈的认知冲突，强烈的认知冲突又促发了学生深层次的思考。

同时，我们还发现"独特的排列可以启动思考，引发探究"。例如，我们把2000多年前孔子的观点与同时代希腊、印度的哲学观点放在一起，孩子们就有了别样的角度、世界性的视野与眼光，他们会循着这条时间轴展开无限联想。

群文阅读对老师的意义

刚开始尝试群文阅读的老师，会陷入紧张和焦虑中。我经常接到求助电话："蒋老师，我找不到合适的文章。""蒋老师，一节课让学生读几篇文章，他们能读懂吗？我该提什么问题呢？"

这些发自内心的真实的困惑往往是教师自身成长的开始。群文阅读不但对学生，对老师的成长也有积极意义。

逼着自己去阅读

目前阅读教学的技术化倾向使很多老师觉得让自己胜任这份工作的重点不是本体性知识，不是自己的阅读视野，不是自己的阅读力，而是让"课"像"课"的技术，从而很快沦为技术主义者，对读书，欲望不大，动力不足。再加上大多数老师兼职班主任，繁杂的事务也让他们深陷其中不可自拔，没有时间脱身而出静心阅读。

在尝试群文阅读的过程中，老师们最苦恼的是想到一条线索、想到一个创意的时候，不知道找什么文章，甚至不知道去哪里找文章；想教"阅读"的时候，不知道有哪些阅读策略可教，不知道怎么教阅读策略，因为他们自己也好长时间没阅读了；想教"表达"的时候，面对一篇文学文本，不知道如何进行文学解读，不知道这篇文章的文学表达特色是什么。

没有时间阅读，不爱阅读，怎么可能找到文章，怎么可能总结、梳理出阅读策略，怎么可能发现表达特点？

群文阅读，无形中逼着老师读起来，读起来！

少上微博、微信多看书，一本一本读起来！

除了看《知音》《故事会》《读者》，多读一些书，丰富阅读视野，提高阅读品位，读起来，读起来！

读完一本书，经常追问自己"我读懂什么了"。上上"豆瓣"这样的网站，看看同样读这本书，别人读懂了什么。提升阅读能力，读起来，读起来！

……

我们要明白，老师自己不阅读，学习再多的教学理念，学习再多的教学方法，都没什么用，课改终究会失败。

我们要明白，老师自己读书了，成了阅读者，即使没有什么高深的理念，即使没有丰富的教学方法，他站在讲台上也是语文。虽然他的教学要改进，但差不到哪里去。

读了，想了，每一点收获和进步都会转化到我们的教学里。

强势改变课堂结构

我们的课堂肯定有一些问题，例如老师话太多、问题太多，环节太细碎，老师喜欢用自己的理解、感悟去覆盖学生的理解、感悟……这些问题，老师们自己也意识到了。可是，一到临战状态，一进入实际操作，还是改不了。而群文阅读短时间、多文本这一客观矛盾会促使老师改变一些自己意识到不好但很难更改的教学习性。

"一节课上读一群文章"意味着什么？意味着老师不可能讲太多话，意味着老师不可能提太多问题，意味着老师不能发起太多讨论。老师话多了，问题多了，对话多了，学生阅读的时间相对就少了，此长彼消，这群文章，学生就读不完了。所以，群文阅读必须发展"让学"，让学生自己读，让学生自己在阅读中学习阅读。

"一节课上读一群文章"意味着什么？意味着老师对课堂结构的艺术性不能太苛求，起承转合、层层递进、环环相扣、步步为营、前后呼应、高潮迭起……过于精致、细腻的课堂，往往是联结和环节偏多、转换频繁的课堂，这样的课堂间接地侵占了孩子们自读自悟的时间，使他们没有大块时间读、大块时间悟。而没有大块时间读、大块时间悟，群文阅读就不可能实现。

"一节课上读一群文章"意味着什么？意味着老师不可能很深、很细、很透地讲析文章。微言大义、字斟句酌、咀来嚼去……这是分析性阅读的典型特征，比如20个字的《登鹳雀楼》，在小学二年级要条分缕析40分钟，热热闹闹一节课，数数字数20个。在群文阅读里，你不可能这么上，很简单，时间来不及。

"一节课上读一群文章"意味着什么？意味着老师不能按部就班地"从字词的学习开始，经由句式、篇章结构、内容探讨进行教学"。我们不可能面面俱到，不可能步步扎实……群文阅读，一定要抓住重点、突出要点、把握难点，一定要学会放弃。

优质的群文是如何形成的

很多老师想拿到现成的群文。其实,老师最好自己尝试组织群文。然而,一听到要自己组织群文,他们就害怕、焦虑。

在这儿,我们将模拟一次群文形成的过程——确定议题、选择文章、设计问题,以了解组织群文的关键。

议题如何确定

群文阅读成功与否,在很大程度上取决于我们把什么样的文章放在一起,以及如何放在一起。有人可能会问:教材里不是已经有一组一组的文章了吗?有的地方不是已经在尝试"单元整组教学"了吗?你为什么还要另起炉灶呢?这真是个关键问题。在我们眼里,教材里的一组一组文章,虽是把一篇一篇文章放在一起,但它们的关联性不大,并且组合它们的议题偏重人文,例如对自然的关爱、对弱小的同情、对未来的希冀、对黑暗的恐惧……在群文阅读中,组合文章的角度更多。

群文阅读中文章与文章之间是有联系的,它们是根据某一个议题组合在一起的。

有时候是把"**作家**"作为议题。例如,把老舍的文章放在一起,我们一读,就能了解老舍的写作风格。厉害的读者就是这样,连续读一个作家的作品,去走近李白,走近鲁迅,走近西顿,走近新美南吉……

有时候是把"**体裁**"作为议题。例如,把创世神话放在一起,我们就能了解创世神话的特点。厉害的读者就是这样,连续读一个体裁的作品,去了解童话,了解民间故事,了解诗歌,了解小说……

有时候是把"**观点**"作为议题。例如，一则报道说多吃维生素C大有好处，另一篇文章说吃多了维生素C有害健康，把这样几篇文章放在一起，读完之后，疑惑自然来了，于是，我们就会自我发问、重读、辨析……厉害的读者就会在很多信息中努力辨别信息的真假，做出自己的判断。

有时候是把"**表达方式**"作为议题。例如，把一些相似的童话放在一起，我们就会发现原来很多童话都是反复结构的，主人公遇到三次困难，发生三次变化，交换三次物品。厉害的读者就是这样，连续读一类文章，去发现写作的技巧，发现故事的密码，发现文学的秘密。

有时候是把"**人文主题**"作为议题。例如，把关于友情的诗歌放在一起，我们就会通过这组诗歌进一步思考"我们为什么需要朋友""真正的友谊是怎样的"。厉害的读者就是在这样的群文阅读中思考各种问题，例如"如何看待宠物""如何面对诱惑""怎么看待死亡"……

有时候是把"**阅读策略**"作为议题。例如，我们把《渔歌子》《黄鹤楼送孟浩然之广陵》《面朝大海，春暖花开》等诗歌放在一起。乍一看，这些诗歌来自不同时代，也没有什么相似之处，但是阅读时我们都可以用到"抓住诗歌里的矛盾读懂诗歌"这一阅读策略。例如，在《渔歌子》里，为什么词人要用"青"和"蓝"来形容棕黑色的蓑衣呢？例如，在《黄鹤楼送孟浩然之广陵》里，为什么原本帆影点点的交通要道，在李白送别孟浩然的时候，竟然只有"孤帆"呢？例如，在《面朝大海，春暖花开》里，面朝大海，为什么会看到花团锦簇的景象呢？……抓住这些"矛盾"追问、思考，或许解读诗歌会"柳暗花明又一村"。

可见，议题的类型是很多的。下面呈现的是我编写的《群文阅读——新语文读本》中的群文议题。

上册目录

4．不一样的爸爸妈妈

5．十二月播报

6．有很多"问题"的诗

7．有形状的"图像诗"

8．古代孩子写的诗

9．一首儿歌一个故事

10．读古诗，想画面

11．我们一起吹大牛

12．一个都不能少

13．勇气是什么

三上

1．一对事物一首诗

2．在诗人眼里，星星像什么

3．他的诗真"夸张"

4．故事里的"神奇宝物"

5．不同体裁，各有优势

6．你不应错过的10个经典童话

7．读古诗要了解背景

8．自己给自己提问题

9．在比较中发现规律——怎么
读寓言

10．故事里有"相反"

11．如何看待宠物

12．怎么看待"害怕"

13．努力做最好的自己

4．汉字汉字真有趣

5．童话中的不可思议

6．一圈一圈往下绕

7．故事可以回答一切

8．古代的孩子玩什么

9．友谊到底是什么

10．不同故事中的狐狸

11．要不要听大人的话

12．傻人有傻福

四上

1．诗的最后一句

2．声音是可以看见的

3．把很多数字写进诗

4．反复又反复的故事

5．未来世界会怎样

6．你不应错过的10本成长小说

7．读出故事背后的想法

8．如何阅读非连续性文本

9．学会统整和分析

10．故事里的主角和配角

11．联系生活来思考

12．如何看待"说谎"

13．到底什么是"有用"

下册目录

三下

1. 在诗中不停地问
2. 诗词中的叠字
3. 夸张到让人忘不了
4. 故事里有很多对话
5. 读者是否知道答案
6. 他们把牛皮吹破了
7. 灰姑娘的"鞋"遍布世界
8. 张晓风笔下的动物会祈祷
9. "三个儿子"故事多
10. 换个好玩的角度去猜
11. 大与小的哲学
12. 世上有没有圣诞老人

四下

1. 梅花在不同人眼里
2. 历史上真有其人的民间故事
3. 一个巧女成就一个故事
4. 鬼故事里没有鬼
5. 一样的开头，不一样的结尾
6. 文章里的时间顺序
7. 不同人称的作用
8. 学会向自己提问
9. 在故事里寻找有用的线索
10. 非连续性文本
11. 平常事理的深刻
12. 我们该如何帮助别人

五下

1. 一个动词写活一首诗
2. 天才作家谢尔大叔
3. 诗词里的天下名楼
4. 故事里人物的变化
5. 老舍幽默的类型
6. 不同写法的动物小说
7. 一起穿越到另一个世界
8. 剧本应该怎么读
9. 今天，我们如何读新闻
10. 关于护生的故事
11. 你要虫爸还是虎妈
12. 某年世界上的事

六下

1. 诗歌里的酒意象
2. 有古诗词感觉的现代诗
3. 有特色的书籍目录
4. 语言里的节奏感
5. 用联想写艺术感受
6. 合适的环境描写
7. 冯骥才的俗世俗人
8. 故事里的象征意义
9. 劝谏是一门艺术
10. 走进微观世界
11. 战争和我们的生活

文章怎么选择

透过上面的群文议题，大家或许已经发现，选什么样的文章组成"群"考验着老师的阅读视野、品位以及阅读教育理念。我们要尽量选用多种文类的文本，包括丰富学生文学体验的文学类文本，例如神话、寓言、散文、童话、诗歌、小说、传记等，也包括为了获取和使用信息的实用性文本，例如新闻报道、说明书、广告、通告等，还包括形象直观的有声图像，例如电视、纪录片、电影等。我们还要尽量选用多种行文特色和叙事风格的作品。教材中的课文，主题往往是明确的、正向的，意义是"显而易见"的，篇幅是有限制的，语言是经过规范的，词语的选用是经过衡量的，这就是大家所说的"教材体"文章。而群文阅读选文的自由度大大增加，选文应该努力保持原貌，包括保留原文的文字风格、叙述的复杂性，不随意删、换、改。

但是，群文最应该强调的还是它的互文性。什么是互文性？互文性是由法国符号学家茱莉亚·克里斯蒂娃最先提出的，她在《符号学》一书中提出："任何作品的文本都是像许多行文的镶嵌品那样构成的，任何文本都是其他文本的吸收和转化。"在她看来，任何文本都是不自足的，其意义是在跟其他文本交互参照、交互指涉的过程中产生的。

在互文性方面教材做得还不够好。审视目前各个版本的教材，各个单元的互文性都不够强，主题往往是人文主题，并且是比较"大"的。例如"感受自然""祖国在我心中""艺术的魅力"……然而，人文主题"大"了就容易"空"，"空"了就容易"虚"。例如"感受自然"，四五篇文章怎么可能支撑起如此宏大的主题？即使富有经验的老师强调要依据文本来讨论主题，但面对如此空、大的主题，讨论也会变得虚泛。如果群文阅读变成一次次虚泛的讨论，教学价值就不大。

那么，什么样的一组文章，互文性是比较强的呢？举个例子，我们以友情为线索选择文章，选择范围很大，因为关于友情主题的文章太多了。那我们以什么标准选择呢？很多教材和读本的选择标准是"文学品质"，但是文学水准很高的几篇文章组合在一起，互文性不一定强。也就是说，文章与文章之间的联系不够。互文性强的一组文章大概是怎样的呢？台湾有老师曾经编选过一组关于友情的群诗，在选文时，反复斟酌，筛选多次，最终确定了五首诗歌：《我喜欢你》《阿贵只有九岁》《打过架那天的夕阳》《等待》和《赠汪伦》。为什么最终选择了这五首诗歌？因为《赠汪伦》是描写生离场面的，《阿贵只有九岁》记叙的是死别情景，而《打过架那天的夕阳》倾诉了与朋友发生矛盾时的烦恼，《等待》则表达的是和朋友情意的相通。也就是说，这五首诗不仅是在讲友情，而且从不同侧面讲述友情，学生读这组诗时可以在有限时间内多角度、全方位地思考"什么是朋友"，从而最大限度地丰富学生对友情的理解。互文性强的群文传达给孩子一种明确的信息：不能只背零碎知识，而要看到事物之间的关联。只要学会整合，那些看似散乱无序的信息就可以提升为系统性的知识。群文阅读就是要帮助这个时代的孩子学习如何去面对碎片化的时代。

那么，怎样才能增强互文性？我们可以从哪些点入手？

形成强大的矛盾张力。例如，我们把观点完全相悖的文章放在一起，一篇说纸质书很快就会消亡，一篇说纸质书将永远存在，还有一篇甚至说纸质书将会更发达……这种认知冲突将会激发起学生强烈的好奇心、探知欲以及辨析的冲动。如果随随便便把几篇讨论纸质书发展方向的文章放在一起，互文性就不强。

有明显的整合效果。假如你想让孩子们通过阅读一组童话感受"新美南吉的童话风格是很多元的"，你就得选一些风格迥异的作品，例如淡淡忧伤的《去年的树》、有趣好玩的《大鹅过生日》、悬疑幽默的《猴子和武士》……这些作品差异很大，互补性很强，整合效果就会好一些。假如你想让孩子们通过阅读一组文章思考"阅读和成长的关系"，就可以选择多篇不同倾向的文章：一篇文章可以强调阅读的兴趣，例如《窃读记》；一篇文章可以介绍阅读的方法，例如《走遍天下书为侣》；一篇文章可以强调读书的好处，例如《我的"长生果"》；一篇文章可以介绍阅读的书目，例如《小苗与大树的对话》……这样把不同倾向性的文章放在一起，整合效果就会好一些。当然，群文的编辑者会比较辛苦。

便于发现规律。我们要让学生在较短的时间内经历、体验较高水平的研究性阅读，让他们发现一些规律，就要在一个议题下选择有明显异同点的文章。例如在"创世神话"这个议题下，我就选了结构非常相近的五个神话，孩子们比较后开始思考英雄创世、禽蛋生世、垂死生化等一些重要的神话母题。要知道这些神话母题的最初发现，有些学者曾经用了几十年的时间。例如，台湾张蔚雯老师上的"空城计"这组群文，她选了《空城计》《花木兰》等文章，这些文章有一个共同点——都采用了"事实目标——现实评估——拟定策略——执行计划"的思维结构。张老师由《空城计》总结出一个思维模式，而后推广到对《花木兰》的理解，再推广到对作文的构思。

问题怎么设计

日本作家大江健三郎曾提及，老师在教导学生学习时，最重要的是具备提问的能力，因为老师问怎样的问题就决定了学生怎样的思考。多年来，我观察一线老师的提问，发现许多老师习惯以单一标准答案的问题进行提问，在具体的情节上打转；或是提出只能回应"对不对""是不是"的问题，训练学生成为应声虫，知其然而不知其所以然。这样的提问没有思考的空间，学生也就丧失了思考的能力。而群文阅读，一个很重要的教学取向就是提升学生的思考力，引领学生发展深度思考能力。那么，群文阅读怎么才能提升思考力呢？我个人觉得最关键的因素是"问题的设计"。

人类一直是基于问题进行学习和思考的，如果教师不能示范性地提出能够鼓励孩子们深入阅读的问题，那他们永远只是表面的阅读者而已。当然，问题本身没有好坏之分，但是从教学这个角度看，确实有一部分问题能够引出更强的思考动力，引发更强的追究企图，导出更多疑问与探究动力。我这一点认识的得出，也是经历了很长一个过程的。

要提解答域宽的问题。传统语文教学很少带动学生思考，要么是无限认同作者的观点，要么是无限认同教参的观点。而教师的课堂提问，不是无趣就是无聊，大都有简单固定的答案。而群文阅读提倡提解答域宽的问题，没有标准答案，鼓励孩子们有依据地说出自己的想法与观点。因此，在"谎言"这组群文下，你就可以问"你怎么看待说谎""人有可能一辈子不说谎吗"这样的大问题。

要对多篇文章共同发问。习惯了单篇阅读的提问方式，老师们在实践群文阅读时，一开始设计问题往往只针对单篇，而没有对多篇文章共同发问。这样还只是停留在单篇阅读，只不过是多了几篇文章、多问了几次而已，没有发挥群文阅读的最大价值。那么，针对多篇文章设计的问题大致是什么样子的呢？主要是就异同点提问。例如，我们把几篇小小说放在一起，就可以问：这些小小说有什么共同点？什么样的小说可以称为小小说？我们把写父母之爱的文章放在一起，如《九十九分的苦恼》《"精彩极了"和"糟糕透了"》《洋娃娃，四十分》《读家书，想傅雷》，可以发现爱的方式各不相同，有的慈祥，有的严厉，但我们可以问：透过这些表象，我们发现它们的共同之处了吗？

尝试通过阅读单来呈现问题。群文阅读，往往会用阅读单进行问题设计，将多篇文章、多个话题元素融在一张表格或是一张图表上，大容量、大板块地进行讨论梳理，避免提问过多、过杂。这又可以形成比较式的阅读。比如，群文议题"故事背后的想法"话题设计：

(1) "小红帽"在不同的作家笔下演绎出不同的情节，让我们梳理一下这三个故事的情节，画一画故事情节梯，把故事的"开始——经过——结局"用关键词概括出来，填写在下面的情节梯上面。

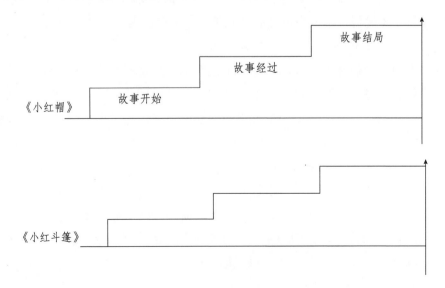

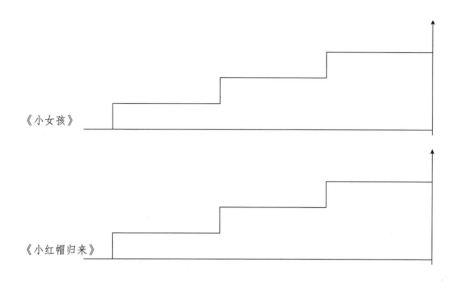

《小女孩》

《小红帽归来》

（2）看着情节梯，让我们来比对这三个故事的情节，你发现它们有什么相同的地方，又有哪些不同的地方呢？

（3）每个写故事的作者都想通过这些不一样的情节告诉读者一些道理，传达自己的一些想法。让我们来聊一聊"小红帽"背后作者的想法。这些想法让你联想到生活中的什么事或什么人呢？让我们一起来完成下面的表格。

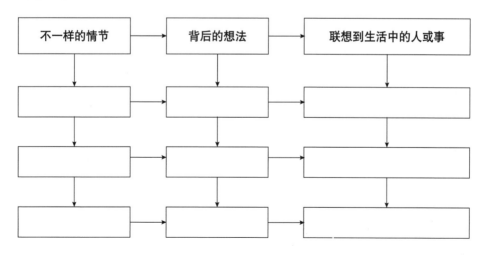

群文阅读的教学取向

在有限的时间里，让学生读多篇文章，若毫无设计，则意义不大。

群文阅读实际上是一种教学方式，有它特定的教学取向、教学追求。

如果群文阅读的实践与研究有一个目标，那么，目标就是让这种教学取向清晰起来。

用显性的方式教表达

我们的课文教学不教表达吗？当然也教表达。自从管建刚老师"写作本位"的阅读教学主张提出之后，相关讨论持续升温。不用怀疑，无论是作为研究还是一线实践，通过课文明确教表达的课例都会进一步增加。

群文阅读所教的表达是更高位的表达

课文教学所教的表达以语言、语法层面的为主。如下页图所示，如果对一线教师的阅读课教学过程做"大数据"分析，我们会发现课堂上一半以上的时间，孩子们在认字识词，辨音析义，进行语法分析……我们所教的表达大体上是比较微观的："这个字好在哪里""这个词好在哪里""这句话好在哪里"……我们习惯抠字抠词，关注更多的是遣词造句，是局部细节，只有少数优秀老师才关注谋篇布局。而群文阅读所教的表达是更高位的表达，注重谋篇布局，甚至文学创作手法，例如作品里的幽默与讽刺、事物的象征意义、古诗里的意象、故事里的伏笔、故事中的转折、故事的结构，等等。我们和学生在课堂上研究文学表达，并非要把学生培养成作家，而是要和学生尝试像作家一样思考，通过对文学表达的发现促进对文本的理解与感受。

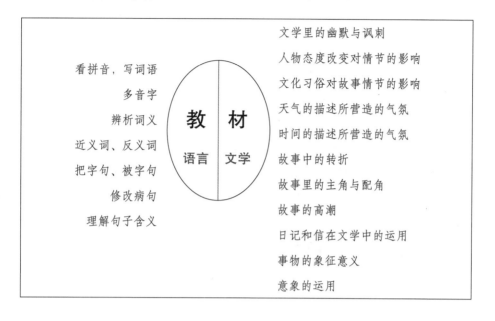

看拼音，写词语
多音字
辨析词义
近义词、反义词
把字句、被字句
修改病句
理解句子含义

教材
语言　文学

文学里的幽默与讽刺
人物态度改变对情节的影响
文化习俗对故事情节的影响
天气的描述所营造的气氛
时间的描述所营造的气氛
故事中的转折
故事里的主角与配角
故事的高潮
日记和信在文学中的运用
事物的象征意义
意象的运用

群文阅读是用显性的方式教表达

感受文学有很多方式，中国的文学教育传统讲究熏陶、感染，强调的是学生的自读自悟。所以，总体而言，我们教授文学的方式是隐性的、内含的。有悟性、有大量时间阅读的孩子在这种"无为而治"的教学里，收获缓慢，但更合理。然而，大部分孩子没那么多阅读时间（现在的孩子所要学习的间接知识超过任何一个时代），感悟能力也一般。自读自悟对他们来说，是放弃，是不负责任。所谓教学，是努力缩小天生能力之间的差距，而这种努力就是老师的介入。怎么介入呢？就是老师所选的这组文章的表达方式要非常明显，议题要非常明确，教学任务要非常清晰，让文学变得"看得见"。

群文阅读是用文章本身教表达

单篇文章，学生读了未必能一下子发现其独特的表达方式与创作特色，即使发现了，印象也不深刻，于是老师要引、要导、要问，甚至要直接讲。然而，你把有相似表达特点的文章放在一起，文章本身就能"教"了。例如，把四五篇经典的小小说放在一起，我们不引、不导、不问、不讲，学生大致也能发现小小说的创作特色——结尾出乎意料而又在情理之中。

又如，困难型民间故事有特定的叙事结构——先是主人公遇到困难，而且这种困难是通过动物的话呈现出来的；接着是主人公借助神力解决困难；最后是这个地方发生了神奇的变化。你想通过一篇民间故事让学生认识到这种叙事结构很难，老师要引、要导、要问，甚至要直接讲。然而，如果你把四五篇经典的困难型民间故事放在一起，你不引、不导、不问、不讲，学生大致也能发现这类民间故事的叙事结构。

用显性的方式教阅读

一直以来，国内对如何阅读认识不足，研究不够。最近两三年，随着国际学生评估项目（PISA）、国际阅读素养进步研究（PIRLS）等阅读评价项目的引进，大家开始关注阅读策略。

什么是阅读策略？简单地讲，阅读策略就是读者根据理解的要求、文章的性质弹性调整阅读方法。只有掌握了阅读策略，学生在自己阅读时才能举一反三，成为卓越的阅读者。

教一些实用的阅读策略

难道我们不教阅读策略，学生就没有阅读策略了吗？不是，一些优秀的阅读者在大量阅读之后，会自然建构起阅读策略。而教阅读策略的意义在于缩小天生能力之间的差距，让能力较弱的读者在老师的帮助下也能掌握阅读策略，而让优秀的读者在老师的点拨下更快、更牢固地掌握阅读策略。

难道我们以前的阅读教学不教阅读策略吗？也教。但是，传统语文教学教授的阅读技能，大都是脱离阅读实际的，而国际上讨论的阅读策略，是从阅读者角度归纳出的常见技能，例如图像化、推论、联结、统整等。

传统语文教学教授的阅读技能，也不够与时俱进，例如"非连续性文本的阅读""复杂信息环境中新闻的解读"等阅读策略还很少涉及。群文阅读就是要教这些实用的切合时代需求的策略，例如：

预测与推论：根据已有的信息对故事的结局、情节的发展、人物的命运、文章的观点等进行预测和验证。

联结：书中的联结、和另一本书的联结、已知事物和新资讯的联结、和生活的联结。

视觉化：将文字图像化、情境化，创造心象。

自我监测：监测自己的阅读理解。

问问题：知道从不同的角度问自己问题。

启动先备知识：在阅读之前首先回忆与文章有关的知识，例如文章的写作背景、时代背景，作者的生平、思想及写作意图等，使头脑中储存的已有知识被激活，处于备用状态。

整合资讯：将那些看似散乱无序的信息提升为系统性的知识。

教一些单篇文章教学很难练到的阅读策略

难道单篇文章教学不能教实用的阅读策略吗？也能。例如"从书中概括主旨""如何提出一个好问题""阅读笔记的形式与结构"等。但是有些策略，单篇短章的教学很难教，例如求同、比异、整合、判断（详见本书第13—14页），群文阅读就是要依凭多文本的优势，重点教以上阅读策略。

用显性的方式教思考

古代的小学教育主要是蒙学，蒙学的每日功课主要是识字、写字、读书、背书。我们看到一些关于学塾的记载，发现许多塾师不管学生懂不懂，只要求学生死记硬背。

现代语文教学对这种以记忆为主的教学开始反思，并做出努力，希望改变。但一百多年过去了，我们的课文教学仍然以识记为主，缺少理解、质疑和发现。这不仅是教学理念、教学操作的问题，也是由单篇文章教学自身的局限引起的，群文阅读就是要努力弥补这一不足——它是鼓励"发现至上"的探索性教学。

2010年10月到11月期间，我反复给孩子们上教材里的一篇神话《盘古开天地》，改变提问，调整环节，变换策略，教学方案换了好几个，最终的教学效果也不错：生字认识了，词语理解了，故事会讲了，盘古的精神也了解了……总而言之，教材规定的教学目标都达成了。可是我总觉得不过瘾，总觉得留有遗憾：神话固有的神奇与隐秘，孩子们似乎并没有真正感受到，他们对神话的好奇心并非发自内心。我一时感觉挺失败的。

后来，我大刀阔斧地改变了教法——50分钟内，我让孩子们一共读了7篇创世神话。课上完了，虽然有的字学生还不会读，有的词学生可能不理解，情节学生还不太熟悉，但是，我教得很兴奋，学生学得也愉快，在轻松而又充满挑战的课堂氛围里，他们有了许多惊人的"发现"。

第一次发现：通过比较阅读，孩子们发现每个神话都是不同的，都有民族元素。蒙古神话把原始世界描绘成一个大草原，日本神话把原始世界描绘成一个岛，有"冰火两重天"之誉的冰岛神话在宇宙洪荒之时还有冰神和火神……

第二次发现：再次比较阅读后，孩子们发现很多民族的神话有相似之处。例如，都喜欢把混沌的宇宙比作"卵"，或是鸟蛋，或是石蛋，或是金蛋；都有一个英雄来拯救世界，帮助人类；都是神或动物的身体器官化成日月、山河、风云，幻化为万事万物。实际上，在阅读中，孩子们自己发现了神话的三个母题："宇宙卵"母题、"英雄创世"母题、"垂死生化"母题。

第三次发现：远隔千山万水的人们，为什么会有这么多如出一辙的创世神话？围绕这个自发的集体性疑问，孩子们展开了积极热烈的讨论。有的说蛋孕育生命的场景给了原始人强烈的刺激，所以他们不约而同地把原初的世界想象成一个蛋；有的说那是因为原始人看到日月星辰这些"重要"的事物都是圆的；有的说那是因为最开始大陆本身就是连接在一起的，后来由于地壳运动才分裂成不同板块，原始人生活在一起，当然想法具有一致性；还有的说，说不定这个世界上具有某种史前智慧，这种智慧通过某种方式传递给分居在各地的原始人……孩子们的想象力、洞察力以及连接知识的能力真让人惊叹。

这样的课堂在平常是少见的。整堂课上，孩子们表现出久违的热情，他们不断地阅读，同时也在不断地探索和发现。这样的课堂是充满问题的课堂，问题甚至多过答案。学生真实地提问题，提真实的问题，并努力解决问题。他们对知识怀有好奇心，对世界存有探索欲，而"发现至上"的课堂正好提供了机会。这样的课堂还是充分交流的课堂，大家都愿意把阅读过程中获得的观点和看法拿出来分享，坦率、真诚地讨论、辩论，结果是给大家带来了乐趣、视野和新知。

我在想，相对于朗读、讲述、背诵能力的培养，理解、质疑和发现能力的培养难道不更应该成为语文课堂上的"主角"吗？为什么语文课不能留下一定的时间去做这种新的尝试呢？群文阅读或许能够提供这种可能。我所设计的群文有的有明显的异同点，有的有明显的矛盾冲突，目的就是让孩子们碰撞、质疑，把思考的过程展开来，然后有所发现。

群文阅读的操作取向

正如"文无定法"，没人规定群文阅读课一定要上成什么模样。

文虽然没有定法，但也有规可循。群文阅读课也是这样，在操作上有一个方向，有一个追求。

在我心目中，比较好的群文阅读课，是"阅读"的课堂，是"安静"的课堂。

"阅读"和"安静"是群文阅读课的显性面貌。

"阅读"的课堂

阅读能力是在阅读中学会的。但是，现在的一些阅读课已经没有"阅"，没有"读"了。

一半以上的时间用来阅读

群文阅读要多试试让孩子们持续地读。不要老是把读群文布置为家庭作业（尽管，这也是一种方式）。就让孩子们在课堂上花15—18分钟读多篇文章，让他们在多人共同阅读的情境中阅读。当然，这15—18分钟，最怕的是人在心不在，如果心不在，这样的读也是无效阅读。老师要想方设法，使这15—18分钟变成读者和作者不断对话的"热闹"得一塌糊涂的15—18分钟。这确实有点儿难，但确实有努力的方向。例如，提升文章本身的可读性，提升阅读任务的吸引力，提升教师的领导力，提升教室里的仪式感、黏滞力。

多学习、多实践浏览、略读、跳读等阅读方式

现行的阅读教学往往将朗读作为教学的首选手段，作为教学的最重要目标。一篇500字左右的文章要教学两课时，老师当然要精讲细教，而精讲细教的后果是老师将朗读、将有感情朗读无限放大，而生活中用得最多的默读、浏览、跳读等阅读方式却被忽视了。要知道现今社会，知识的更新速度、流动速度都越来越快，也逼着人们不断加快自己的阅读速度。可有人认为默读等无声视读不需要练习。这完全错了。苏联教育家经过长期的实验研究，得出了小学阶段阅读技能达到半自动化的量化指标，其中快速阅读技能的形成，需要2000小时以上的练习，按6年算，每周大约需要7个小时的练习。群文阅读就是要给机会让孩子们多练习默读、浏览、跳读等快速阅读方式。

在阅读中练习真实、实用的阅读策略

我在群文阅读中开始尝试教阅读策略，但一段时间之后，困惑又来了——我教了阅读策略，孩子们也"知道"了策略，可一到真实的阅读情境中，他们还是把策略丢在一边。也就是说，光教策略是没用的，重要的是，要让他们多去尝试运用这些策略——实际的阅读行动才是最重要的。

关于"教"和"运用"的时间分配，我们需要记住"二八原则"——百分之二十对百分之八十的原则。一般来说，把每一段时间的五分之一放在明确的策略教学上，就足以帮助孩子们了解阅读策略。这样，他们就能在接下来的五分之四的阅读时间里，运用和延伸这些策略。如果我们用在策略教学上的时间过多，练习的机会就会偏少。

"安静"的课堂

现在很多热闹的课堂，变成了一种发言竞争，学生表面活跃地不断叫着"是的""是的"，高高地举着手。这种表面热闹的课堂其实是发言过甚，隐含着以下危机。

很多学生参与讨论时，只想发出自己的声音，对讨论内容的进展其实并不关心，所以别人讲话时，他一直在举手，有时还发出"嗯嗯"的声音，希望引起老师的注意，而且喜欢打断别人的发言。

教室里慢慢会形成两个阵营：一类学生对任何问题都呈现出极大的兴趣，小手直举；一类学生对任何问题都表现得消极，毫无兴趣。其实，这两类学生在学习认知上都是不健康的，都是思维懒惰的学习者。更糟糕的是，当那些消极的学习者偶尔对某项学习内容感兴趣，想参与讨论时，那种进展很快、缺乏耐心倾听氛围的课堂会给他们极大的压力，使他们最后选择退缩。

更让人忧虑的是，在高频率、思维含量不高的"发言"课堂上，越来越多的孩子没有耐心低头回到文本中，没有耐力长时间持续默读，对带着任务的阅读反应拖沓，对"做笔记""写"这些常规的学习任务开始"喊苦叫累"，潦草应付。这样的课堂，发言"高频率"，实际学习"低效率"。

所以，我们呼唤"安静"的课堂，至少在那么多语文课中，有一部分课是以"安静"的面貌呈现的。群文阅读倡导这样的课。

问题和任务难一点儿，孩子们就静下来了

让孩子们安静下来，不是简单地让他们闭上嘴巴，不要说话，而是想办法让他们投入更高层次的探究学习中。

思考有一定难度的问题。很多喜欢发言的孩子喜欢的是那些细小的问题、能直接找到答案的问题、回答时能少说几个字的问题，一旦让他们说一段话，他们就会怯场。所以，有些老师为了营造人人参与的假象，就使用大段的串联语，只让孩子们说一两个关键词，畸形地展示"课堂完成度、参与度"。例如：

师：是啊，这绵延一万多里的万里长城，让我们感受到长城的——
生：伟大。
师：这绵延一万多里的万里长城，让我们感受到古代劳动人民的——
生：勤劳。

师：这绵延一万多里的万里长城，让我们感受到古代劳动人民的——

生：智慧。

所以，在群文阅读的课堂上，我们鼓励老师提解答域较宽的问题，提需要阅读多篇文章、整合性强的问题，提批判评介类问题……简而言之，多提有一定难度的问题。

当然，在你提出有一定难度的问题和学习任务之后，你要学会等待，等待，再等待。

我们总是以为机智、快速、热烈的课堂是好的课堂。我们好像很怕等待，很怕那两秒、五秒的安静，以为那就是"冷场"。我们经常看到这样的课堂场景：老师提出问题后，就带着期盼的目光寻找举手的孩子。就那几个反应特别快的孩子一说，问题就已经从提出走向终结——问题的解决过程成了一小部分"精英"的思维训练过程。我们还经常看到这样的课堂场景：老师让学生讨论，可不到一分钟，老师就做强硬的手势让他们停止讨论，坐正聆听。

试想，如果你问的是一些有质量、有一定难度的问题，孩子们正常的反应应是困惑不解，不敢轻易发言，需要较长时间的思考，而思考就需要安静，需要老师耐心等待。

让孩子们动动笔，他们就静下来了

其实，有太多对话的课堂，往往是忽略学习有困难的孩子的课堂。因为声音是转瞬即逝的，通过声音接受的知识和观点散乱、碎片化、不严谨，最要命的是遗忘率特别高，并且难以转化、融合到孩子们已有的知识体系中。

所以，我们要让孩子们安静下来。让他们动动笔，就可以让课堂安静下来。

让孩子们动笔，一种尝试是做批注。大陆的老师喜欢让孩子们批注在书本上，在书本上写下个人的想法，让他们可以"看见"自己的想法，阅读自己的心灵，让抽象思考变得具体。香港、台湾的老师喜欢让孩子们批注在便利贴上，便利贴容易移动，在分享和讨论时可以当作闪视卡片，也方便老师在教学时对读者反应进行多元分类。

让孩子们动笔，另外一种尝试是设计一些阅读单、思考单。在我们的群文阅读中，很多老师在设置主要的问题和学习任务时开始尝试运用阅读单、思考单。好的阅读单和思考单，兼具创意和深度，可以发挥延伸思考与统整学习的效益，提升孩子们的学习兴趣，从而让阅读不再是遥远而模糊的记忆，而成为一场场深入心灵的探险。

群文阅读的操作方式

"群文阅读的理念我接受，但是我们在日常教学中怎么操作呢？"这可能是一线教师最关心的一个话题。

我们在实践中梳理出了三种操作方式：一篇带多篇、课内多篇、课外多篇。

一篇带多篇

一篇带多篇的操作方式，一般需要两课时。一课时用来精读，读的就是教材里的"这篇文章"。一课时用来群文阅读，读的是由"这篇文章"引申出来的一组文章。

很多老师觉得这种操作方式很方便、很实用，既可以精读一篇课文，也可以粗读多篇文章；既有阅读的广度，也有阅读的深度。

当然，哪一课时用来精读，哪一课时用来群文阅读，可以根据实际情况决定。

第一课时精读，第二课时群文阅读。例如，人教版五年级下册的《桥》，第一课时精读，老师教，学生学，学得细一点儿，学得深一点儿。第二课时我们选择和它有共同点的文章，比如《在柏林》《窗》《雪夜》，这些文章是来自不同国家的小小说。学生读后自然而然就会发现：小小说最大的特点就是结尾出人意料，而又在情理之中。

第一课时群文阅读，第二课时精读。例如，人教版五年级上册的《学会看病》，第一课时让学生比较阅读《学会看病》和《剥豆》。这两篇文章相似度高，一比较就会发现在文章中，作者毕淑敏都写出了自己内心的矛盾、困惑、纠结，一方面想要儿子独立，一方面又舍不得，不放心。而且这两篇文章都有大量的心理描写。第二课时用来精读，细细分析毕淑敏是如何描写人物的心理活动的。

课内多篇

目前我们使用的语文教材，大都按主题设计单元，每个单元三四篇课文，尽管有明确的主题，但不大适合做成群文阅读，为什么？有以下两个原因：

考试的反制。到目前为止，纸笔测试还有很大的局限性，它检测的主要还是知识，还是学生的记忆力：读课文、讲述、背诵。所以老师在教学教材里的文章时，习惯面面俱到，生怕有所遗漏。说白了，就怕漏掉考点。所以，期末考试喜欢考课内阅读的地区，其阅读课一定是问题多、讲解多、练习多……机械琐碎。在这样的环境下，所谓"单元整组教学"，基本是走形式的，无非在前面加个"总起"，在后面加个"总结"，中间依旧是一篇一篇精讲多练。

文章互文性差。如前文所述，目前各个版本教材的单元都是以人文主题为主，并且主题是比较"大"的。例如"感受自然""祖国在我心中""艺术的魅力"……然而，人文主题"大"了就容易"空"，"空"了就容易"虚"。例如"感受自然"，四五篇文章怎么可能支撑起如此宏大的主题？即使富有经验的老师强调要依据文本来讨论主题，但面对如此空、大的主题，讨论也会变得虚泛。如果群文阅读变成一次次虚泛的讨论，教学价值就不大。

如上分析，课内的单元不太适合做群文阅读。然而，一种新的教学方式如果脱离教材，就很难推广，很难深入人心。这时我们就要对教材内容进行调整，调整以后，用课内文章进行群文阅读还是有可能的。比如，人教版六年级上册教材的内容，调整以后是这样的。

教材原"主题"	调整后的"议题"
第一组 感受自然	第一组 我们的家园
1．山中访友	1．山中访友
2．山雨	2．山雨
3．草虫的村落	3．草虫的村落
4．索溪峪的"野"	4．索溪峪的"野"
第二组 祖国在我心中	21．老人与海鸥
5．詹天佑	22．跑进家来的松鼠
6．怀念母亲	23．最后一头战象
7．彩色的翅膀	24．金色的脚印
8．中华少年	13．只有一个地球
第三组 心灵之歌	14．鹿和狼的故事
9．穷人	15．这片土地是神圣的
10．别饿坏了那匹马	16．青山不老
11．唯一的听众	观看电影《家园》
12．用心灵去倾听	第二组 如何欣赏艺术（事实与联想）
第四组 珍爱我们的家园	25．伯牙绝弦
13．只有一个地球	26．月光曲
14．鹿和狼的故事	27．蒙娜丽莎之约
15．这片土地是神圣的	28．我的舞台
16．青山不老	结合学校大学科活动：话剧《十二怒汉》，
第五组 初识鲁迅	浙大话剧社，露天电影，浙美画展
17．少年闰土	第三组 曾经的留洋学童
18．我的伯父鲁迅先生	5．詹天佑
19．一面	6．怀念母亲
20．有的人	7．彩色的翅膀
第六组 人与动物	8．中华少年
21．老人与海鸥	研究性学习：曾经的留洋学童
22．跑进家来的松鼠	第四组 初识鲁迅
23．最后一头战象	17．少年闰土
24．金色的脚印	18．我的伯父鲁迅先生
第七组 艺术的魅力	19．一面
25．伯牙绝弦	20．有的人
26．月光曲	共读《小学生鲁迅读本》
27．蒙娜丽莎之约	

教材原"主题"	调整后的"议题"
28. 我的舞台	第五组　帮助别人有方法（故事里的伏笔） 9. 穷人 10. 别饿坏了那匹马 11. 唯一的听众 12. 用心灵去倾听 第六组　克莱门斯的小说 不要讲话 成绩单 我们叫它粉灵豆 兰德里校园报

从上面的表格中可以看出，我没有对教材做大幅度的删改，只是做了调整，调整主要表现在以下四个方面。

调整"**顺序**"。主要是合并了一些单元，例如把一、四、六单元合并为"我们的家园"。原来的一、四、六单元都是和自然有关的，但它们是分散的，现在我把它们聚合在一起。当然，聚合不是简单的叠加，还要发现它们之间的互补性。例如，原来的第一组文章侧重发现自然界的美；原来的第六组文章侧重表达人与自然的关系；原来的第四组文章侧重哀叹自然的衰落，呼吁保护自然。现在把这三组文章放在一起读，再适当补充一些资源，例如电影《家园》，就可以形成合力，比较充分地探讨人和自然之间的关系。

调整"**议题**"。主要是修改主题，原来第七组的主题是"艺术的魅力"，我将之改为"如何欣赏艺术（事实与联想）"。艺术是很难描述的，大部分作者都是依靠联想来突破这一难点的。伯牙的琴声很好听，怎么好听呢？像峨峨泰山，像洋洋江河。贝多芬的音乐让人迷醉，那是怎样的声音？犹如月光下时而平静、时而汹涌的大海。所以，联想既是一种写作方法，也是一种欣赏艺术的方法。这是这一组议题的落脚点，这样，教学既可以聚焦，又可以体现出语文的"本体性"。

调整"选文"。 主要是适量地增加一些学习内容。例如新的第一组"我们的家园",我增加了"观看电影《家园》";新的第四组"初识鲁迅",我增加了《小学生鲁迅读本》中的两三篇文章。

调整"时间"。 用群文阅读的理念来教教材里一组一组的文章,一般需要5—6课时。先用4课时上精读课文,然后用1—2课时开展群文阅读。至于是先精读后群文阅读,还是先群文阅读再精读,则根据需要而定。下面以调整后第五组文章的教学为例,说明操作顺序。

第一步:精读课文教学(4课时左右)

《穷人》教学(2课时)

《别饿坏了那匹马》教学(2课时)

第二步:群文教学(2课时)

2课时的群文教学围绕两条线索进行。

第一条:帮助别人有方法

1．读4篇文章,思考:里面的"帮助"有什么共同点?

这组文章都是在讲"帮助",助人者都是以不让对方察觉的方式进行的,不宣扬自己的付出,充分考虑受助者的感受。

《穷人》:夫妻俩毫不张扬地将西蒙的孩子抱回家里。

《别饿坏了那匹马》:书店老板为了让"我"安心看书,撒谎说自己家里有一匹马,要收购我的马草。

《唯一的听众》:音乐学院的教授为了让"我"重燃信心练习演奏,撒谎说自己"听不见"。

《用心灵去倾听》:问讯处的苏珊从不拒绝小女孩的任何求助,并且让小女孩觉得这是她的工作职责。

2．围绕新闻事件,讨论:我们该如何帮助别人?

第二条:故事里的伏笔

1．读4篇文章,发现故事里的伏笔。

《穷人》:文章前面写到渔夫的家里一贫如洗,但干干净净,温暖而舒适,可见他们积极乐观。这为他们后面的选择埋下了重要的伏笔。

《别饿坏了那匹马》：其实书店老板家里根本没有马，在事实呈现之前，文章中有大量伏笔——妹妹听到哥哥让她收马草不禁一愣，妹妹每次到屋外来收马草。

《唯一的听众》：老人诗一般的语言、老人的微笑、老人用手指打着节奏都说明老人是一个有修养的懂音乐的老人，这些细节都是重要的伏笔，这些伏笔使老人音乐学院教授的身份公布显得自然，一点儿都不突兀。

《用心灵去倾听》：小时候"我"询问苏珊"手指受伤怎么办""'修理'这个词怎么拼写""小鸟为什么一动不动了"，这些细节都是重要的伏笔，随着时间的推移、故事的发展，它们成为两个人物情感升华的关键。

2. 回忆，讨论：你看到过哪些故事有明显的伏笔？

在这2课时里，这4篇文章是作为一个整体进行教学的。学生在课堂上主要的阅读方式是默读和浏览，主要的学习方式是合作与讨论。

课外多篇

课外多篇这种操作方式，我最看重。因为教材的编写，是有很多特定条件的。很多实用、有趣、有创意的议题，教材没办法做。很多有种、有料、有趣的文章，教材没办法选。

课外的群文阅读，你可以自己定议题。建议避开人文类的，因为这类议题教材里已经够多了。你可以尝试表达类的，例如反复结构的童话故事、小小说的结尾、故事里的转折、小说的象征意义、按照时间顺序来写，等等。你可以尝试阅读策略类的，例如如何预测、如何统整、抓住矛盾读懂诗、判断故事里的主角与配角，等等。你可以尝试思考类的，例如如何看待说谎、到底什么是"有用"、这个世界为什么要有规则，等等。

课外的群文阅读，你可以自己选文章。这些文章当然是围绕议题选择的，它们之间的关联性要很强。它们的选择考验着你的阅读面。

下面是台湾的一个课外群文阅读的案例。

探讨"愿望"的实现和结果

1．教学目标：协助学生了解故事中人物的目标和需求，并且练习运用自己的准则做比较和分析。

2．阅读任务：替故事中的人物许愿，并且探讨达成愿望的难易度，思考愿望实现的各种结果。

3．读者特征：适合四至六年级学生。

4．文本选择：有明显愿望的童诗，有愿望讯息的绘本故事，有表现大爱、造福人群的故事。

5．活动流程：

（1）教师带领学生阅读简单的童诗，找出诗中的愿望，或推论出诗人的愿望，并讨论达成愿望的难易度。

（2）教师选用一篇课文或一本共同探究的绘本，示范如何替书中的人许愿。故事中的人物有明显的需求，但没有直接许愿或表达出愿望。

（3）提供深浅不同、有故事性的绘本给学生自由选读，并在书本里故事进展约2/3的位置放一张便利贴，让学生读到有便利贴的一页，就在该页替书中的任何一个角色许愿。

（4）三四个学生一组，各人所阅读的文本不同，但是任务相同，合作完成一张整理资料的海报，如下表所示。

"愿望"的思考单

我们读的故事	我们写的愿望	谁在许愿	他的愿望达成了吗	他得到了哪些帮助	他遇到了哪些阻力
1.					
2.					
3.					
4.					
5.					

（5）小组讨论，做比对和排序，分析愿望达成的难易度，最容易达成的给一个▲，最难达成的给三个▲。

（6）小组再讨论：假如愿望达成了，受益的人有哪些？只有许愿人受益的愿望给一颗★，有众多人受益的给两颗★，许愿者不认识的人也受益的给三颗★。

（7）再谈谈如果愿望达成，是否有人会受害或极度不快乐，讨论这个愿望如何调整可能会皆大欢喜，或是降低伤害的程度。

在这次群文阅读中，学生学习了从不同角度检视"愿望"，学习了用抽象的准则了解一种较具体的事物。抽象准则，靠读一篇文章是不容易获得的，采用多文本来寻找共同点，能帮助学生建立抽象标准。

这样的议题、教学目标和选文，在教材里是很难看到的。为什么？

教材里的议题有非常严谨的布局，它努力缩小，也只能缩小到"友情"这样的中位概念。"愿望"对教材来讲，议题太小了，你可以在教材里放一篇有关愿望的文章，但你不能连续放很多篇。

教材尤其是我们的教材里的文本，篇幅、体裁等有"约定俗成"的法则，它不可能放绘本，中高段较少出现儿童诗，很少出现非连续性文本。而避开教材，群文阅读的设计者在选文上自由度会大很多。

关于群文阅读的访谈

1. 群文阅读与主题教学、单元整组教学有何异同？

它们是差不多的。

中国人喜欢把事情做圆满，善于自圆其说，所以主题教学解释到后来，跟群文阅读就没什么差别了。但是主题教学在传播过程中，不能否认组合文章以人文主题为主。我们的教材不也是人文主题的吗？而群文阅读组合文章的议题就太多了，作者、写作风格、表达特点、观点、阅读策略等都能成为议题。这是它们之间最大的差别，其他小差别暂时就不讲了。

单元整组教学，说白了，就是围绕教材的，而群文阅读则自由多了。而且教材里的单元，主题太大，不大有趣，文章之间关联性其实也不大，所以，很难整组教学。当然，群文阅读有一种方式是依托教材的，但是在实际操作过程中，我们往往把主题改了。比如六年级《穷人》等一组文章，教材上的主题是"心灵之歌"，通过四篇文章来讨论人的心灵，这是很难的。所以，我在操作过程中改成"帮助别人有方法""故事里的伏笔"这两个小议题了。

2. 群文阅读要立足于读，学生不仅要读得多，而且要有层次地阅读；不仅是读的数量多，读的时间也要长，要给孩子们足够的时间去阅读。群文阅读进入课堂后，我们如何做到从容有效地完成教学任务？

那就是问题、学习任务要提得少一点儿。

3. 如果以建构群文的方式进行分类，目前蒋老师已经探索出的有哪几种？接下来准备朝向哪个角度突破？

一种是"一篇带多篇"。从教材里选一篇文章，第一课时精上，第二课时选几篇相关的文章进行群文阅读。例如《桥》，第二课时选几篇典型的小小说。

一种是"课内多篇"。先用4课时把精读课文上完。然后用1—2课时把4篇课文（群文）放在一起上。例如《窃读记》这一单元。

还有一种就是"课外多篇"。

4．崔峦老师说小学语文姓"语"，也姓"小"。很多时候，我们把"小"等同于"浅"，对群文阅读中"小"与"高"两者的兼顾，蒋老师，您怎么看？

这个问题没法儿回答，要结合具体案例来讨论。

因为有些问题、有些讨论，别人觉得很深，我觉得还可以；别人觉得很浅，我则觉得很深。有些问题对这个班来说很深，对那个班来说则很浅。

5．我觉得要做好群文阅读，老师自身对阅读策略的掌握非常重要。实际上，我们的语文老师并非都是阅读的行家，起码我觉得我自己就是一个需要学习阅读的人。一个不会阅读的老师是没有办法教阅读的。那么，我们关于阅读的学习，可以从哪里开始，走向哪里？比如，可以看哪些书？……

第一，少上微博、微信多看书，一本一本读起来。

第二，除了看《知音》《故事会》《读者》，还要多看一些好书。可以借助一些阅读推荐，读得多了，品位自然会提升。

第三，读完一本书，经常追问自己我读懂什么了。可以上上"豆瓣"这样的网站，看看别人同样读这本书，他们读懂了什么。

说说容易，做起来难。只要在读、在想，就不要太苛责自己。每一点收获和进步都会转化到你的教学里。

别人水平再高，也不可能到你的班里上课。你一请假，校长最多请个代课老师，作家、阅读专家是不会到你班里去上课的。校长付不起那个工资。

6．我们选择好群文后，要以什么样的教学策略推动学生的阅读？

想出一两个好的问题、学习任务（可以有一些阅读单）就可以。然后让孩子们填写、讨论。没那么复杂。当然，什么样的问题、学习任务更好，什么样的讨论更有效，我写一本书都解答不了。

7．我目前任教二年级，二年级学生的阅读能力非常薄弱，能否引进群文阅读？以什么样的方式引进更能提高学生的阅读力？

把几首小诗放在一起，把两篇短文放在一起，尝试一下就可以。但没必要为了群文而群文。一个二年级老师为了上一节所谓群文阅读课，硬是把四个绘本放在一起上，就不可取了。二年级的孩子，读懂一个绘本都够呛，还四本！别说用四本教提问题，一个绘本也可以教啊，而且用一个绘本教提问题，一节课都不一定够，你为什么一定要用四个绘本？这都是为了群文而群文。

这样教学只会更浮夸。当然，如果你是为了让孩子们感受一下持续默读的乐趣，纯粹是一节默读课，那么爱读几本读几本。国外很多老师每个星期都会腾出时间让孩子们安静阅读，多好啊。我们的孩子可怜！

8．除了重视课堂上的群文阅读指导外，我们该怎样落实课外的阅读指导呢？

重视课内，实际就是重视课外了。因为课堂上老师的指导会影响课外阅读，除非你在课堂上只是给了孩子们阅读的时间，而根本没教阅读策略，或者所教的阅读策略根本不实用。

另外，既然是课外阅读，就没必要管那么多了。最多想些活动反馈、激励一下。

9．群文阅读应该树立什么样的教学取向？

通过群文阅读，让孩子们知道、了解、感受更高位的表达。通过群文阅读，让孩子们练习各种阅读策略，尤其是单篇阅读很难练到的阅读策略。通过群文阅读，让孩子们练习思考，尤其是复杂的、矛盾情境中的思考。

10．如何确定群文阅读的目标？如何选择并组织阅读材料？没有单篇精读训练，怎能进行群文阅读呢？

群文阅读是精读的补充，没人要否定精读的意义，没人想用群文阅读替代精读，也没法儿替代。

11．有没有可以参考的基于教材体系的配套群文阅读书目，类似于《同步阅读》，便于操作及推广？

买我的《群文阅读——新语文读本》吧。"新语文在线"网站上有售。

这是一套由我个人编写的读本。这套读本有梯度，但跟教材没关系，跟教材一牵扯上就不好玩了。

12．阅读能力较弱的孩子如何跟阅读能力强的孩子一起享受群文阅读的快乐？

其实，给予大量时间让他们阅读，让他们借助表格长时间通过笔来思考，长时间围绕一个问题讨论，有机会"听"到优秀孩子的发言，这些都是真正在关注"弱势群体"。

我们的很多精读课，读的时间少，问题多，知识点多，以对话为主，写得少，才是真正不关注"弱势群体"。

其实，在我看来，这个问题应该这样来问：阅读能力较弱的孩子如何跟阅读能力强的孩子一起享受精读的快乐？

13．群文阅读是整篇整篇地引入课堂，还是选取其中几个类似的片段进行教学？

这是方法性问题，没有绝对答案，我个人倾向于以整篇为主。

14．群文阅读的益处已经显而易见，群文阅读也是大势所趋。对孩子们而言，这样的学习才有利于促进终身阅读。作为一线老师，我也有苦恼之处，因为短期之内或许看不到阅读的成效（体现在指挥棒——考试成绩上），所以很多时候不敢放开手脚尝试。该怎么解决两者的矛盾呢？

这一矛盾解决不了，再过500年，老师都是个良心工作。台湾推广整本书阅读、群文阅读比我们早，但很多老师也是在死教。

15．群文阅读如何把握度？目标如何确立？在做群文阅读时应该注意什么？

先做起来再说吧，一般提这样的问题的，胆子不会太大。"度"也"过"不到哪里去。当然，有人会说，没考虑明白，怎么能做呢？但我的意见是阅读的事能有多少坏处！做阅读改革也做出很大坏处来的，往往是工作浮夸，教教材也教不实的人。所以，我个人主张先做起来。做一段时间，这个问题自然就知道了。等"度"啊什么的全考虑明白了，你基本也已经退休了。

16．群文阅读按作品风格、写作对象、写作技巧、突出特点等组材，这种完全由老师个人确定的分类选择，科学吗？是否随意性太强了？

有这个意识了，肯定会自己调节。如果依据教材来做群文阅读，比如课内多篇、一篇带多篇，因为教材本身是有体系的，所以你根本不用担心随意性太强。

如果是在教材外找群文，就按自己的兴趣来吧。一则，你是补充。营养品永远是营养品，不是正餐，没必要搞得跟正餐一样。二则，你也补不了几组。本身就没几组，还讲什么体系呢？

如果你基本把教材放弃了，搞的基本是教材外的群文，那就要考虑这个问题。这说明你胆子够大，水平够高，脑子够热，但全国也没几个这样的老师。

第二章

文体与群文阅读

神话这样教

什么是神话？

神话是人类最早的故事。神话起源于人类的童年时期。在原始社会，先民对许多自然和社会现象无法理解，认为是某种无形的神秘力量所致。对这种神秘力量，先民只能感觉到，但看不见，于是，他们就根据自身的生活经验来构想它的形象及活动，于是就产生了神和神话。关于神话，马克思有这样的阐述："任何神话都是用想象和借助想象以征服自然力，支配自然力，把自然力加以形象化。"

神话故事源远流长，每个民族都有自己的神和神话故事。

神话里的"神奇"

神话，其中两个字"神"和"话"都揭示了它的特点。

"神"首先可以理解为"神奇"。

人在童年时期对这个世界是充满好奇的，每天都会涌现出许许多多的问号。法国电影《蝴蝶》里那个满脸雀斑的小女孩，每天都会向她的邻居——一个鳏居老头儿问许许多多稀奇古怪，让人手足无措的问题：你的蝴蝶是什么品牌的？为什么太阳会下山？为什么有穷人和富人？怎样才算富有？……

同样，人类在童年时期也是处在丰富的新奇感中，万事万物都让人感到新奇：这个世界的边际在哪里？天地是如何形成的？为什么有那么多动物？人是从哪里来的？树叶为什么是绿的？海水为什么是咸的？……

孩子的问题，可能还有大人不遗余力地为其解释。人类童年时期的问题，则唯有依靠天马行空的想象了。神话本是想象的产物。孩子们能感受到的神话性体现在哪里呢？——想象，竭尽所能的夸张与想象。

神话里的"神奇"要体会，但也不用花太多时间

神话教学，首先就是要带领孩子们感受神话的"神奇"。以教材中的《盘古开天地》为例，"神奇"俯拾皆是。

1. 盘古在天地这个混沌的世界中产生，无父无母——神奇。
2. 盘古天生有神力，高大，能与天地并存——神奇。
3. 能与天地同长——神奇。
4. 能将躯体化为万物——神奇。
5. 天地未分，就有了斧头——神奇。

神话教学，当然可以，也应该让孩子们找一找"神奇"，说一说"神奇"。但是不用花太多时间，因为这些"神奇"是一目了然的。所谓教学，就是要教学生不会的、觉得难的。学生会的、觉得简单的，就少教或者不教。

多体验"神奇"，没必要纠结"真假"

小学生，面对绚丽的想象，一般不会从科学和逻辑的角度去较真它的合理性的。例如，最初的世界为什么混沌一片呢？盘古怎么可能越长越高，直到顶天立地呢？石头怎么可能把天补上呢？文成公主怎么可能把山背起来呢？……

这些问题深究有没有意义呢？也有意义。

我们不要以为这些问题很"傻"，它们是"科学"与"神奇"发生冲撞的问题。如果我们用科学的眼光去观察，就会发现，这些不可思议的想象里，不仅包含着宗教和哲学，也包含着远古人类的"科学"。还是以《盘古开天地》为例，现在看来，"宇宙卵"的说法，相当符合现代科学，至少与理论物理学的观点十分合拍。

天地混沌如鸡子，盘古生其中，万八千岁，天地开辟，阳清为天，阴浊为地。盘古在其中，一日九变，神于天，圣于地。天日高一丈，地日

厚一丈，盘古日长一丈，如此万八千岁，天数极高，地数极深，盘古极长……故天去地九万里。

这不就是对"宇宙大爆炸"过程的描述吗？大爆炸之前，宇宙是没有时间、没有空间的"奇点"，亦即"混沌"。大爆炸（天地开辟）之后，在引力的作用下，物质分离，有了空间、时间，也有了各类物质组合；而紧接着，则是宇宙之膨胀，遂有了我们现在的世界。这里的巧合，十分令人感到惊奇。不管是《盘古开天地》的故事，还是其他许多神话故事，我们都可以从中发现科学的道理。譬如，罗马神话中丘比特的金箭之于爱情的激活，实在可以在《黑客帝国》中找到科学的模型（数字程序控制脑电波）；"天上一日，人间一年"，更是对爱因斯坦相对论的绝好解释。那么，我们不妨大胆地设想，在一定程度上，科学是远古神话在现代的另类延续，而神话却是远古时代的科学。如果《盘古开天地》算得上创世纪神话的一种，那么它是不是对宇宙的记忆性描述呢？盘古开天地、天地分离作为一个动态的事件，是否被不同民族目击，而以神话的形式保留下来？科学不仅在预测未来，也在探索过去，地球上的人类文明，是否如《多四季论——揭开大自然深层王国的奥秘》中所说的，有着交替变化和轮回呢？

然而，这样的讨论在小学的神话课堂上是不太可能实现的。所以，我们没有必要从科学和逻辑的角度对它的合理性较真。如果在课堂上很多学生提出这样的问题呢？我想有两种处理方式。

一种是不解释每一个具体的疑问，而是让孩子们知道神话和科学并不是对立的，告诉他们神话里的很多幻想，随着科技的发展竟然实现了，从而让他们感受到神话里的幻想反映了人类的美好愿望。例如：

神话中的幻想	科技产品
嫦娥飞奔向月亮	航天飞机、宇宙飞船
一夜之间可以织很多布	织布机
千里眼、顺风耳	望远镜、摄像头、电话
可见五脏六腑的石镜	X光透视

还有一种是转移孩子们的视线，把他们的注意力转到感受想象的神奇与趣味上来，并且最好将这种感受和体验与实践结合起来。也就是说，给孩子们一个想象的机会，鼓励他们"创作"神话。小学生还处在想象力非常丰富的年龄阶段，或者说，还没有经过科学的训练、教育的驯化，他们的原始逻辑和野性思维在老师的允许和认可下随时可以爆发。李玉龙老师说，让孩子们书写自己的神话就是尽最大可能地保有和培养孩子对未知世界的探究欲和创造欲。

"神奇"背后的隐喻，在小学阶段不适合展开

面对同样的文本，孩子看到的是神奇和趣味，人类学家看到的是人类的初始心理结构，而隐喻学者看到的是道德、宗教的教训。可见，对神话文本的研究，与神话文本的教学是不相一致的。

话虽如此，我相信孩子们在读到这样的神奇的故事时，仍然会情不自禁地对一些细节产生怀疑。

1. 盘古之前的世界是什么样的？

2. 盘古为何要睡觉？

3. 盘古"见周围一片漆黑"。他既然没有见过光明，何来"漆黑"的说法？

4. 盘古为何要分开天地？他的斧头是从哪里来的？

……

老实说，这些问题实在不简单。首先，它关系到神话中的逻辑思维问题。正如列维-斯特劳斯在《神话学》中所指出的那样，神话的结构是脱离心智的文本结构。因此，"科学技术的发达和普遍的教育驯化，使现代人的心灵充满了各种特殊的逻辑或思维方式，那种原始的逻辑或野性思维已被掩盖或被埋起来了"。这就是为什么我们（包括我们的孩子）会对神话产生种种稀奇古怪的疑问。

其次，如果我们沿着这些问题去探索，可能会发现，我们已经从对神话的欣赏走到了对神话的研究，至少是对神话的隐喻意义的研究。譬

如盘古的那把斧头，是他开天辟地的得力工具（"斧头"的说法，在明末周游写的《开辟衍绎通俗志传》中方才出现）。有人认定斧头是一种劳动工具，借此说明"劳动创造世界"；不过，我们未尝不能把斧头看作一种暴力工具，那么"革命创造世界"的说法也就自然而然地产生了。再比如，文本中既然强调"天地""光明"，我们便不能不从故事叙述中得出古人对秩序和生命物象的理解，所谓"天人合一"大致可以从中见到端倪。

不过，如果按照这种思路去理解《盘古开天地》（以及其他神话），到底有些好笑。它除了助长解读者猜测、臆想的习气外，别无建树。所以，我个人觉得在小学阶段，没有必要围绕神话的隐喻做过多的纠缠。

神话里的神

大部分神话里都有一个英雄。例如，《盘古开天地》里的盘古为了创造天地，牺牲了自己，身体化成了世界。《大禹治水》里的大禹为了治理洪水，三过家门而不入。《普罗米修斯盗火》里的普罗米修斯为了替人类盗取火种，不得不忍受天庭严酷的惩罚。

人类有英雄崇拜情结

英雄崇拜，几乎是人类本源性的心理需求。英雄崇拜几乎和人类文明一样悠久，甚至原始人就已意识到，他们之所以能够在异己的和经常是敌对的世界中生存下来，全靠其杰出首领的英勇和足智多谋。

在长达一百多万年的部落时代，除了获得食物和水，维持自己和家人的生存之外，人类对自然界未知的东西和外来的威胁，充满着恐惧和敌意。人类的大脑在这个漫长的时期，形成了英雄崇拜的思维模式。神话就是这种崇拜情结最直接的体现。全世界的神话为人类提供了许多不朽的英雄偶像。所以有的老师不拘泥于一篇神话一篇神话地教学，而是设计综合性语文学习活动。例如，让学生找一找中外神话里的英雄，这不失为一种非常契合神话特质的举动。

神话	神话里的英雄	英雄的事迹
《盘古开天地》	盘古	盘古为了创造天地，牺牲了自己，身体化成了万事万物

这种英雄崇拜情结，自始至终会存在。原始人面对大自然，总是自感渺茫，面对各种不确定性，总是缺乏安全感和归属感，因此将很多依赖心理投射到英雄，投射到神身上。按理说，随着人类对自己能力的不断挖掘，英雄崇拜应该逐渐淡化下去，可事实恰恰相反，现代人的英雄崇拜需求越来越强烈。例如，"9·11"事件之后，美国观众喊着"我们需要英雄"。因此，好莱坞立刻迎合需求拍摄了大量如《蜘蛛侠》这样的英雄漫画电影。尽管人们看完这些电影的感受是太简单、太儿童化，看时觉得过瘾，看完后没多大印象，可是他们还是热衷和迷恋。那种观影时的代入感让观众得到很大的满足，让他们暂时忘却了现实的无奈和痛苦，或者说通过特效技术完成了对自己的简单救赎——现实中自己是那么平庸、自私，甚至做了很多坏事。

因此，在人类的文化中，英雄与英雄崇拜，无论在智识未开还是在启蒙成长的年代，抑或是在将来，都会存在。读神话，不关注神，就是对神话这一文体最大的误读。

最应该感受的是英雄的牺牲精神

神话中的英雄，尤其是希腊神话中的诸神，很多有强健的体魄，有超人的能力，有高超的智慧，而且勇敢、坚强。但是最核心的英雄特质不是以上这些，而是"信仰""使命感""为正义不畏死"。因此信仰发达的民族，神话中的英雄谱系也是十分发达的。连好莱坞梦工厂也深谙此道，在影片中设计了"能力越大，责任越大"这样的传播性非常强的英雄语录。

因此，和孩子们聊神话，最重要的是带领他们感受"责任""使命"等核心英雄特质。现实中的很多英雄，都是用别人的鲜血和生命来实现他们自己的梦想和意志的。而神话中的神却有着牺牲精神。

分析一些课例之后，我们发现大部分老师在这一点上做得并不好。

首先，很多老师并没有将英雄的牺牲精神作为教学重点。例如，《盘古开天地》中里的盘古用身体顶天立地，站成永恒，整个身体化成万事万物；《女娲补天》里的女娲到处走，到处找。这些没有作为重点展开教学。

其次，在感受英雄的牺牲精神的时候，课堂氛围并不匹配，甚至消解了英雄特质。例如，一个老师在上《盘古开天地》中盘古"垂死生化"这个情节的时候，鼓励孩子们想象盘古其他身体部位的变化情况。但是，在这个环节中，由于老师不恰当的暗示和引导，孩子们将注意力放在想象的奇特上，他们一味地兴奋和笑场，这对英雄的牺牲精神其实是一种解构。

神话的叙事结构

让我们先谈"话"字。这个"话"字明确无误地表明了神话是一种口头文学，是在口口相传中永生的。《盘古开天地》的神话最早的记录见于吴人徐整的《三五历纪》，但它并不是从三国时期才开始的。最初因为没有文字记载而只能口口相传，直至有人加以整理。

既然是口头文学，讲述就应该是教学的重点。事实上，我们的孩子，讲故事的能力都在不断萎缩。我的奶奶，一个农村老太太，根本没念过书，但是神魔鬼怪的故事，可以脱口而出。现在的爷爷奶奶不再讲故事——那种很有温度、语气语调很有个性、随时关注你的反应的故事了。我们的孩子也很少讲故事了，教材中故事本来就很少，偶尔出现了，我们也总是引导他们拿腔拿调地读、记，就是不讲，就是不说。

也有很多老师，教学目标里写着帮助孩子们学习讲述，但是，往往40分钟后、80分钟后，他们仍然一点儿都不会讲，老师干着急，不知道怎么帮助他们。

既然是口头文学，故事就要好听、好记。不好听、不好记，就没法儿流传。没法儿流传，就不会存在。好听、好记，就意味着故事的情节是类型化、有规律、有叙事结构的。

例如，很多英雄神话都是这样的结构：人类遇到困难——神帮助人类解决困难——神牺牲了。当我发现这个秘密的时候，讲《女娲补天》就容易多了。

例如，很多创世神话都是这样的结构：世界混沌一片——神开天辟地——神的身体化成了万事万物。当我发现这个秘密的时候，讲《盘古开天地》就容易多了。

老师在教学的时候，如果能够带领孩子们发现神话故事具体的叙事结构，实际就是在引领他们学习这类文体的阅读策略，也就会更切实地帮助他们讲述这个故事。

例如，我在教《文成公主进藏》的时候，带领孩子们发现了困难型民间故事的叙事结构：主人公总会遇到困难，而故事不会很具体地描述困难，总是借助动物的嘴巴来表达。例如，一只小鸟飞来，说："公主，公主，这儿是片沼泽地，不好走。"紧接着，主人公会想办法克服困难，克服困难的过程不会艰辛而持久，往往借助一个道具，或者他人的帮助，就"过去了"。最后，这个地方会发生神奇的变化，"直到现在""从此以后"是常用词语。因此，这个困难型民间故事的叙事结构是：小鸟说——只见他——从此以后。例如下面这个片段：

文成公主过河以后，一只小鸟飞来，说："公主，公主，这儿是片沼泽地，不好走。"文成公主听了，剪了一把羊毛撒在地上，就走过去了。大家说，因为文成公主撒了这把羊毛，所以路纳这个地方的牛羊一直都长得又肥又壮。

一位老师在教《九斤姑娘》这个民间故事的时候，带领孩子们发现了巧女型民间故事的叙事结构：首先是主人公遇到一个难题；接着绿叶人物上场，面对难题束手无策，纷纷败下阵来；然后主角解决难题；最后是主角过上了幸福的生活。

题目	碰到的难题	旁人的表现	巧女的表现	故事的结果
九斤姑娘	桶谜	她爸爸答不上来	九斤马上解答出来了	攀亲
巧姑妙答				
其满汗智答大汗				

一位老师教《盘古开天地》时，带领孩子们发现了一大类创世神话的叙事结构：最初是一个混沌世界，这个混沌世界就像一个蛋，中国神话里是鸡蛋，伊朗神话里是鸟蛋，罗马神话里是石蛋，印度神话里是金蛋。然后是一个大神来创造世界。最后是神或者动物的身体化成了万事万物。

一位老师教中国经典爱情故事时，带领孩子们发现了中国古代民间爱情故事的叙事密码：男主角基本都是"屌丝"，女主角基本都是"白富美"；阻挠来自各个方面——阶层的、宗教的、政治的，真的是阻挠重重；结局基本是悲剧——不是生离，就是死别。

题目	男主角	女主角	阻挠人	磨难	结局
牛郎织女	牛郎	织女	王母娘娘	被迫分离	每年七夕鹊桥相会
白蛇传	许仙	白素贞	法海和尚	打入雷峰塔不得相见	重逢
孟姜女哭长城	范杞梁	孟姜女	秦始皇	劳累惨死化作白骨	投江殉情
梁山伯与祝英台	梁山伯	祝英台	祝员外	求婚被拒	化蝶而去

神话的叙事语言

神话之所以能流传，原因之一是有类型化的叙事结构。

与类型化相关的是，故事对人、事物、景物的个性化描写较为缺乏，叙事手法较为粗疏，但这一点从另一角度看就是质朴简约，与民众的审美趣味相契合，而且叙述粗疏的不足为情节的强烈趣味性所弥补，使故事成为现代民间叙事文体中影响最广泛的一种。

不能说神话的语言没有文学性，因为朴实、不讲究辞藻的修饰也是一种文学表现，可以肯定的是，神话传说的语言不是过度修饰的语言。

在讲故事的过程中，我们还会发现很多有意思的故事因子。比方说故事开头第一句——"很久很久以前"。别小看这6个字啊，它蕴含、预示了许多有意思的信息。我有时和自己6岁的儿子聊天儿，会问他一些很"巨大"的问题：为什么有天和地？为什么有白天和黑夜？人是从哪里来的？儿子的回答第一句肯定是"很久很久以前"，而且语调夸张。他直觉地认为，这是非常重要的交代。何尝不是呢！这6个字就勾勒出故事的背景。一个成熟的故事读者，一看到这6个字，自然就联想到"天地玄黄"，自然就联想到"宇宙洪荒"，自然就联想到一个混沌不明的原始世界。因此很多时候，讲故事，哪怕只是讲，也是可以悄然体验到很多东西的。

薛法根老师的神话教学在带领孩子们感受神话的语言特点方面很有办法。

师：有些同学说这个故事是爸爸妈妈讲给他听的，讲故事可不能这样概括地讲。要讲得——

生：栩栩如生。

生：清清楚楚。

生：讲得完整、具体。

生：讲得精彩。

师：这个故事讲给谁听比较好？

生：薛老师。（众笑）

生：讲给比我们小的弟弟妹妹们听。

生：讲给不知道这个故事的人听。

师：怎样才能把一个故事讲得精彩呢？老师有一个法宝。

生：什么？（好奇地）

师：概述的时候，我们把一个故事变成三句话；现在讲故事的时候，我们要把一句话变成三句话。有了这个本事，你就能把故事讲得栩栩如生了。我们一起来练一练吧！就看这一句："夜叉从水底钻出来，只见一个娃娃在洗澡，举起斧头便砍。"怎么变成三句话呢？

生：（齐读）夜叉从水底钻出来。

师：（板书）只见——

生：只见一个白白胖胖的娃娃在洗澡。

师："白白胖胖"，多好玩啊！这叫形象！夜叉看到后，（板书）就大喝一声——

生：你敢到海里洗澡，看我把你收拾！

生：你敢在海里洗澡，我一定要把你杀死！

生：你敢在这里洗澡，一定是活得不耐烦了！

师：这句话说得真好！因为哪吒把水晶宫搅得不得安宁、天翻地覆，这不是找死吗？

生：你居然在龙王面前洗澡，你不想活啦？（众大笑）

师：谁在龙王面前洗澡啦？（众又大笑）

生：夜叉大喝一声："哪里来的小娃娃，居然在龙宫前洗澡，你不想活啦？还把我们的水晶宫搞得摇晃起来。"

生：夜叉大喝一声："哪里来的小娃娃，竟然敢在水晶宫门前撒野？你活得不耐烦了！"

师：大喝一声："呔！"（众大笑）加一个"呔"字，就有声有色了！

生：夜叉大喝一声："呔！你这个小娃娃，在龙王的地盘上撒野，看我不把你收拾了！"

生：夜叉大喝一声："呔！你个小娃娃，把我们的龙宫搅得天翻地覆，我看你是不想活了！"

师：（板书）哪吒转身一看，只见——

生：哪吒转身一看，只见一个凶猛的怪物举起锋利的斧头便砍了过来。

生：哪吒转身一看，只见一个相貌丑陋的怪物，穿着三角裤衩（众大笑），凶神恶煞地向他冲过来，举起斧头便砍。

师：看看课文中的插图：青面獠牙的一个怪物。哪吒怕不怕？

生：一点儿都不怕！

师：于是，（板书）就笑着说——

生：哪里来的怪物，想要我的命啊，门都没有！

生：哈哈，红毛怪物，你也会说人话啊？

师：人物一开口，故事就生动啦！现在，将刚才这几句话连贯地讲一讲。

（生练习讲故事）

师：谁有本事，把一句话讲成三句话？

生：夜叉从水底钻出来，只见一个白白胖胖的娃娃在洗澡，便大喝一声："咄！你这个臭娃娃，居然敢在龙王的地盘上撒野，看我不把你收拾了。"哪吒转身一看，只见一个红毛怪物凶神恶煞地盯着他，便笑着说："哈，哈，你想打我？还嫩了点儿。"夜叉一听便火冒三丈，暴跳如雷，举起斧头便向他砍去。（掌声）

（生讲述故事，略）

师：把一句话讲成三句话，这就叫具体、生动、形象！如果一个故事把每一句话都变成三句话，好听不好听？

生：（齐）好听！

师：课后，我们要努力把一句话变成三句话！这就是讲故事。

课例：世界是怎么形成的

【文章】

1.《宇宙大爆炸》（知识性文本，选自《万物简史》）

2.《诸神创世》（蒙古神话）

3.《淤能棋吕岛》（日本神话）

4.《巨人伊密尔》（冰岛神话）

5.《盘古开天地》（中国神话）

【整体思路】

1．听（讲）《盘古开天地》的故事，聊创世神话产生的原因。

2．比较阅读中国、日本、蒙古创世神话。

（1）推测所阅读的创世神话所属的区域，并寻找理由。

（2）基于地域性、民族性，"创作"北欧（冰岛）创世神话。

（3）体会《盘古开天地》的民族元素。

3．比较阅读中国、印度、罗马创世神话。

（1）找出各创世神话之间的共同点。

预设：发现"宇宙卵""英雄创世""垂死生化"的神话母题。

（2）质疑，挑起认知冲突：不同地域、民族的创世神话为何有这么多共同点？

（3）小组聚焦讨论"宇宙卵"母题形成的原因（猜想）。

4．比较阅读创世神话、科普说明文《宇宙大爆炸》。

（1）围绕"真实"进行讨论。

（2）今天读神话，可以读什么？

（3）补充阅读他人的创世神话读后感。

【课例呈现】

世界是怎么形成的

师：我们先来讨论一个巨大的问题：世界是如何形成的？这个问题人类已经思考了几千年。我们这个世界，有天空，有大地，有满天的繁星，有山，有水，有花草树木，有鸟兽虫鱼……这样一个漂亮、丰富的世界，是怎么形成的呢？请你们把对这个问题的理解在小组里交流一下。

（生讨论）

师：各个小组讨论得很热烈，我在听你们的关键词：有的小组说到了盘古，有的小组说有一双看不见的巨大的手创造了这个世界，有的小组说到了"宇宙大爆炸"……说法很多，如果让你们选择一种比较科学的说法，你们会选择——（生答"宇宙大爆炸"）是的，"宇宙大爆炸"是许多伟大的科学家通过先进仪器进行大量观测后所做出的一个推测。这个推测目前也被大部分科学家所接受。关于"宇宙大爆炸"，蒋老师推荐了一本书——《万物简史》。我很佩服这本书的作者，他用通俗易懂的语言深入浅出地为我们介绍了科学，其中就有"宇宙大爆炸"。书中的语言是怎么生动有趣地把读者紧紧吸引住的呢？让我们来看一段。

（生观看PPT，师介绍"宇宙大爆炸"资料）

师："宇宙大爆炸"就是这样形成的。但是我有一个疑问，如果我们把时间推到一两千年前，有一个小孩问爸爸或者爷爷："爸爸（爷爷），世界是怎么形成的？"爸爸或爷爷会不会说"宇宙大爆炸"？

生：不会。（异口同声）

师：为什么这么肯定？

生：因为那时候的人根本就不知道"宇宙大爆炸"。

师：那他们会怎么回答这个孩子的问题呢？

生：爷爷会说"盘古开天辟地"的故事，告诉孙子是盘古创造了世界。

师：但我们现在都知道这个故事是"假"的啊，为什么要讲这个假故事给他听呢？

生：古代人不会认为这是假的，他们认为世界就是这么来的。

师：古代人相信世界就是盘古开天辟地而来的。因为相信，所以流传。我同意这个观点。我们再换一个场景，比如现在有一个古代欧洲的小孩儿，问他的爸爸或者爷爷："这个世界是怎么形成的？"那爸爸或爷爷是不是也跟他讲盘古开天辟地？

生：不会。

师：为什么？

生：国外古代的时候，科技比较发达，所以可能知道一点儿。

师：错了，如果你看过《万物简史》，就会知道，西方也是到了近代才有了科技的迅猛发展。

生：外国的古代，爸爸或爷爷会跟他讲亚当和夏娃。

师：想到国外，马上想到了亚当和夏娃。他的意思是国外也有自己的神话。

这些神话是哪个国家的

师：我们今天先来读读国外的创世神话。我待会儿发材料，有两个创世神话，请你们读完后猜测一下这两个是哪个国家的。文章后面有一个范围，请你们选择。

（师发材料，生读）

师：我们先来看第一个神话《诸神创世》。你觉得这个神话是哪一个国家的？我发现这个同学判断的思路很有意思，请你向大家介绍一下。

生：我觉得这是蒙古神话。文章的最后一段写道："人们以游牧为生。"蒙古就是一个大草原，所以说明这个神话是在蒙古流传的。

师：这确实是蒙古的创世神话。刚才小组交流的时候，我听你用了排除法，你能跟大家讲讲吗？

生：我觉得古埃及是信仰法老之类的，所以第一个排除了古埃及。美国也不可能是，美国的历史那么短。而印度和日本也不像，因为这个神的名字不像印度人或日本人的名字。

师：她用了排除法，是否严密暂且不说，但是这个思路非常好。最后通过抓取细节，她确定了蒙古。原始的蒙古人认为原始世界就是一片大草原，因为他们没有看到过太多高山、大河。第二个神话，你们认为是哪个国家的？

生：我觉得是日本。从文章中出现的神的名字就可以看出，它有日本的味道。

师：非常好，这名同学是从名字来推测的。还有没有其他线索？

生：这个神话说神创造的世界是一个岛，所以创造这个神话的民族很可能生活在岛上，而日本就是一个岛国。

师：是的，第二个神话确实是日本的创世神话。读了这两个创世神话，你有什么发现？

生：我觉得每个民族的神话都不太一样。

师：有这个感觉了，能不能说得更明确一些？

生：每个民族的神话都有自己的特色。蒙古人生活在大草原上，他们的神话就说这个世界是一片平整的草地。日本人生活在岛上，他们就说这个世界是一个岛。

师：是的，不同民族的创世神话，他们的想象跟他们生活的地方、他们民族的生活习惯是有很大关系的。蒙古的神话有蒙古的特色，日本的神话有日本的特色、日本的元素。你们同意吗？

生：同意。

师：通过比较阅读，大家在这一点上似乎形成了共识。那请你们运用你们自己的"发现"去猜测一下冰岛这个国家的创世神话是什么样的。要想象冰岛的神话，我们首先要了解一下冰岛这个国家。它属于北欧，常年气温比较低，冰山多。但很多人把冰岛称为"冰火两重天"，因为那里既有很多冰山，也有很多火山和温泉。世界是怎么形成的？生活在那里的原始人会怎么想象呢？四人小组讨论一下。

（生讨论）

师：我发现那个女同学讲得挺投入的，你来说说你的想象，冰岛神话会是怎样的？

生：我认为冰岛神话是这样的：世界上原本是两块，下面都是地，天上的神用火和冰把这个世界分成了好几块，然后就变成了世界。

师：好，这就是她想象的冰岛神话。有没有补充的或其他想法？

生：我们组是这样想的：冰神和火神打仗，他们想争夺冰岛这块地，最后打得不分胜负，所以就平分了，冰岛就既有火，又有冰。

生：我给刚才那个同学补充一下。我觉得是冰神和火神打仗，他们不分胜负，之后就混在了一起，最后同归于尽了，世界就变成了一半火一半冰。

师：下面是我们欣赏神话的时刻。欣赏的同时，你们会发现你们的猜测能在这个神话里找到痕迹。再做一点儿心理准备，北欧的神话还有一个特点——神比较多。

（师读《巨人伊密尔》，生聆听）

师：这就是冰岛的神话，一听就有明显的冰岛元素、冰岛特色。原始人的想象力很强，但还是受到他们生活的环境、习惯影响。

《盘古开天地》有哪些民族元素

师：我们再来看我们学过的《盘古开天地》，我建议你们静下来读读我们的神话。你能不能从中看出一些中国元素、中国特色？可以勾勾画画，开始思考。

（生读材料）

师：大家读得很仔细。我们在三年级就学过这篇课文，现在重新读也蛮有意思的。你有没有发现一些中国元素？有一个地方大家肯定都找到了，这个同学也画下来了。

生：盘古倒下来后，他的头化成了东岳泰山、南岳衡山、西岳华山、北岳恒山、中岳嵩山。

师：这些山都是中国特有的，后人在补充这个神话的时候就加了这些元素。我们来看一下，看你们对我们的地理概念了解得怎么样。

（师在黑板上画五岳、长江、黄河，并配解释）

师：东岳泰山在哪个省？（生答"山东"）西岳华山在哪儿？（生答"陕西"）北岳恒山在哪个省？（生答"山西"）南岳衡山呢？（生答"湖南"）中岳嵩山呢？（生答"河南"）这些都是中国特有的山。神还化为了河，你最先想到了哪两条河？长江、黄河都被誉为我们的母亲河。你们瞧，生活在这块区域的，就是炎黄子孙，就是华夏民族。这是显而易见的中国元素。还有其他的吗？

生："天每天升高一丈，地每天下沉一丈。"这里的数据——"一丈""十万八千年"都是中国人常用的数据和数量单位。

师：这里的数量单位很有中国特色。中国人很喜欢"十八""十万八千"等数字，它们在很多文学作品中经常出现，比如孙悟空本领很大，一个跟头——十万八千里。李白有一首诗叫《梦游天姥吟留别》，里面有一句——"天台四万八千丈，对此欲倒东南倾"。还有其他中国元素吗？

生：盘古用斧头开天辟地。斧头是中国民间常用的劳动工具。

师：哈，古人崇尚劳动，早就认为劳动最光荣。（笑）

生：故事里边的句子很多都是对仗句，这个在三年级的时候老师就讲过了。

师：是的，其中最典型的一句就是"轻而清的东西，缓缓上升，变成了天；重而浊的东西，慢慢下降，变成了地"。

师：仔细找找，里面确实有许多中国元素。各个民族的神话都有自己的民族元素、民族特色。中国的《盘古开天地》有中国特色，蒙古的《诸神创世》有蒙古特色，冰岛神话有冰岛特色。

这些创世神话有什么共同点

师：下面我再请你们欣赏一些神话，你们会有新的发现。

（生读材料）

师：看完了吗？蒋老师30多岁了，就我的阅读经验而言，把同一个主题或者体裁的文章放在一起，有时会让人有许多发现。我们把这三个神话放在一起，它们有没有共同点？

生：我发现每个神话开头都说这个世界一开始是一个蛋。

师：世界一开始就是一个蛋，不管是石蛋、鸟蛋、鸡蛋……反正都认为最开始的混沌世界就像一个蛋。

生：每个神话都说是神把他自己的某个部位化成了世界上的事物。

师：到最后是神的身体化为了整个世界，化为了万事万物，这是第二个共同点。

生：这三篇文章中，都有时间，第一篇是一千年，第二篇是三千年，第三篇是九千年……

师：创世的时间都非常漫长。

师：每个神话里都有一个能力很大的神，是这个神创造了世界。

师：是的，这个世界在混沌一片的时候，往往出现了一个神，这也是一个共同点。很多神话学家、史学家在读神话的时候也在进行梳理，发现了很多共同点。（师出示PPT，呈现神话的共同点）

中国神话	伊朗神话	罗马神话	印度神话
鸡子	鸟蛋	石蛋	金蛋
盘古	阿胡拉·马兹达	密特拉	大梵天
身体生化	身体生化	身体生化	身体生化

不同民族的神话，为什么有这么多相似之处

师：我看到这些共同点后，脑子里有疑问，相信你们也有疑问。

生：我在想，为什么不同民族的创世神话有这么多相似点？他们为什么想到一块儿去了？

生：为什么不同地方的原始人都认为原始世界像一个蛋？

师：这些民族或国家的原始人能不能像今天的人一样，发一个e-mail："今天我创作了一个神话，你的是怎样的？"或者打个电话商量一下？大家都笑了，这是不可能的。大家肯定有一个疑问：怎么想着想着就想到一块儿去了呢？这个问题很有意思，小组讨论一下：为什么大家要把混沌的原始世界比作一个蛋？为什么都想象成一个神创造了这个世界？为什么都不约而同地认为是神或动物的身体化为了万事万物？我相信你们有你们的解释，没有一定的答案，你们可以大胆地推测。

（生讨论）

师：说来听听，为什么不同的民族会把原始世界比作一个蛋状的物品？

生：我们小组认为是因为大陆漂移。

师：为什么有共同点？一开始所有的人都是生活在一起的，后来因为板块分离，所以人类分开来了。但是他们的祖先是生活在一起的。这也是一种推测，我在一篇关于创世神话的论文中看到过这种推测。

生：我认为鸡蛋里面黑乎乎的，当时混沌的世界也是黑色的。

师：哦，你认为用鸡蛋来比喻混沌的原始世界，比较恰当。

生：我认为有两个原因。一个是世界上所有的星球都是圆的；还有一个是鸡蛋是封闭的，我估计原始人也认为宇宙是永远都走不出去的。所以，他们想到了蛋。

师：蒋老师很激动。这位女同学说了非常重要的两点。第一，原始人认为这个世界是封闭的。第二，原始人看到的重要的物体——太阳、月亮、星星都是圆的。我再补充一点，原始人看到的新生命，往往都是从圆的蛋壳里孵化出来的，这让原始人印象深刻。因此，他们都不约而同地想到了蛋。最后，请同学们想象一下，为什么原始人都会不约而同地想象到是神的身体化为了万事万物？

生：人们往往觉得世界上的很多事情都是很奇妙的，以人类的力量是不能做到的，所以想到了神的魔力。

师：我听明白了，原始人面对万事万物、自然界的千变万化，无法解释，觉得人力不能及，最后只能信赖神。其实，大部分神话都有这样的特点，包括中国的神话，当人类面临困难或危难时，就会出现一个神。能举例子吗？

生：《女娲补天》。

师：是啊，天忽然破了，出来了一个神，她的名字叫——女娲。

生：《后羿射日》。

师：天上有十个太阳，民不聊生。最后出来一个神帮助大家，他就是——后羿。这样的神话还有《大禹治水》、西方神话中的《普罗米修斯》。

师：还有一个疑问，你怎么理解神话中的世界万物都是由神或者动物的身体变化来的？

生：世界上的万物都是神创造出来的，人没有能力，所以只能依靠神来创造万事万物。

生：神的身体比较大，他可以将身上的所有器官贡献给地球。

生：现在可能见不到神了，人们就想到神为了创造大自然牺牲了自己。

师：尽管神死了，但我们还是相信他与我们同在，只是用另外一种方式。

生：神是创造世界的，神很伟大，我们脚下的大地等都是神创造的，就让神变得更伟大一些吧，说明当时人们对神的崇拜。

师：对，这个关键词语非常重要——对神的崇拜。同学们，这样读神话就很有意思。蒋老师要问最后一个很纠结的问题，我一直在想：最开始的时候世界是怎么形成的？大家不约而同地告诉我：宇宙大爆炸、质子、中子……因为我们都经过科学的教育和训练了，我们都相信科学。那为什么还要读神话呢？

生：这个世界不应该很呆板，而应该有各种各样的想法，这样会让我们觉得很活跃。

师：她的话真是值得琢磨呢，我们的想法应该像这个世界一样，丰富一点儿。

生：到现在为止，人类还不知道到底是什么创造了世界。他们说的神话万一就是真的呢？

师：他也没有完全否定神话中的一些原始的智慧。很多人认为存在史前智慧，在我们人类存在以前，已经有高度发达的文明，它们虽然消失了，但是通过某种基因传了下来。这也是某些科学家的推论。你的说法是有依据的。

生：这种神话寄托着人们的希望。

师：神话中寄托着一个民族的希望，比如，《盘古开天地》里面就有我们民族的精神。

生：如果我们不断地研究和学习，就会发现神就像一个英雄。

师：他其实是一个英雄崇拜主义者，他觉得我们这个社会需要英雄的存在。就像世界之初混沌一片，大家希望有一个神出现。

(师播放PPT，并配乐朗诵《盘古开天地》)

师：你从《盘古开天地》里看到了什么精神？

生：我看到了一个舍生救全人类的盘古。

师：是的，在关键时刻，为了大家可以不惜牺牲自己的生命。

生：我从他的身上看到了坚持的精神，他能站在天地之间，身体要承受天地的重量，还要经受很长的时间。他有着非常坚持的精神。

师：中国人向来崇尚忍辱负重。

生：而且一旦有了目标，会不断向那个目标努力。

师：是的，中华民族会经历一些坎坷，但是看到那个目标，他们会不断努力！

生：他的心胸很广阔，他最后是微笑着倒下的。他没有因为自己的生命要结束了而哭泣。他救了整个人类，是微笑着倒下的。

师：是的，我不用概括了，就是那个短句——微笑着倒下。你们可以体会到很多东西，最后我总结一句：我们的神和西方的神很不一样，《圣经》里的《创世纪》，创造世界轻轻松松，第一天创造了什么，第二天创造了什么，最后一天累了休息，是星期天。我们的神忍辱负重，一万八千年后又一万八千年，但最后他微笑着倒下了，他看到的是光明的未来。所以一个民族的神话中有很多民族元素。我们还可以继续读神话。下课！

童话这样教

我相信一种说法，儿童的成长实际上"复演"着人类的进化。千万年前，人类在童年时代，面对日月星辰、天光云影困惑不解，于是用神话来解释。相对应地，每一个孩子也天然地向往着神话、童话。有些二三年级的孩子，小小年纪就已经对童话不屑一顾，觉得太"小儿科"了，一副小大人的模样，我不太喜欢。

大部分时候，听童话、读童话是不需要分析交流的，它们是一件很私密的事，或者很自然的亲子交流。晚饭后听爷爷奶奶讲，听过就听过了，睡觉前自己捧着书看，看过就看过了，尽管没有"聊"，但是公主和王子、大灰狼和狐狸、巫婆和魔王……都记在心里了。梅子涵说"种植童话"，童话是需要慢慢地在数量中种植的。每一个爸爸妈妈都应该成为屋檐下能讲故事的爸爸妈妈，每一个老师都应努力成为《特别的女生萨哈拉——一个孩子的特别成长经历》中那个故事多得能撑死一头猪的老师。

然而，一旦童话进入课堂，我们还是应该做出一点儿教学意义上的努力。童话究竟该怎么教？思考这个问题之前，我们先要想一想童话有什么特点。

童话跟一般文学作品一样，是很复杂的，具备的特质相当多。我们可以用很多词语对童话加以描述：想象的、怪诞的、梦幻的、奇异的、他世界的、超自然的、神秘的、魔幻的、无法解释的、神奇的、似梦的，等等。但是众多词语都无法透彻地揭示童话的本质。

童话这样教，可惜了

因为对童话特质的认识不是特别清晰，所以，教学时，文体特征也不是非常清晰。因此，出现了一些很可惜的教法。

像记叙文一样教，可惜了

一位老师教新美南吉的《去年的树》，是这样教的：

1. 你觉得哪句话比较难读？

2. 这个故事讲了一件什么事？（指导方法：首先，说出各个人物之间发生的事；其次，想想哪些事可以合并）

3. 你能按起因、经过、结果把这个故事分成三部分吗？

4. 你能给小鸟说的话加上"提示语"吗？理解了这些对话后，你能有感情地朗读吗？

看了上面的教学主干任务，你就可以感觉到这位老师是把童话当记叙文一样教，童话被用作识字、写字、句式、段落训练的材料，童话本身的文学的、审美的价值，在这个课中基本没有涉及，这样教就太可惜了。

纠结于真假，可惜了

台湾作家林良在《童话的特质》一文里，将童话世界比作建筑物来分析，以最常用的五种"积木"来描述它的特征，这五种"积木"分别如下：

1. "物我关系的混乱"。例如，孩子可以跟树叶说话，向路灯说再见。

2. "一切的一切都是人"。在童话世界里，猫骂老鼠、老太婆请棍子帮她赶猪过桥……这是把一切都当作人。

3. "时空观念的解体"。童话世界里，不管"哪年哪月"，不论"何时何方"，不受"时空观念的限制"。例如英国童话《杰克与豆梗》，具有魔幻色彩的豆梗一夜之间就可以由地上长到天上，巨人住的地方比空气还轻。童话作者从不考虑时空是否合理。

4. "超自然主义"。童话里的许多安排，常常是常识上的"不可能"，是自然法则所不能接受的。如天上掉下绿色带黏性的雨点、晴天有时下猪等。

5. 夸张的"观念人物"。人是复杂的，人的言行常受现实生活的修正，所以在现实世界里，并没有"单一观念"的人物。比如，好吃的人，一天到晚"狼吞虎咽"；好撒谎的人，一天到晚"信口开河"。但在童话里，这样的人很多。

看了林良先生的分析，我们就明白了：在童话中，水晶鞋是真实的，巨人的花园里只有冬天是真实的，沉睡一百年的玫瑰公主醒来后依然像从前那样年轻貌美也是真实的。在童话的语境中，真实不再是正常逻辑上的真实，而是心理上的真实、情感上的真实。因此，倘若在教学中津津乐道于细究故事情节上的逻辑真实，就是对故事的损伤——破坏了童话特有的叙事风格所带来的魅力。

特级教师张学青就对一些童话课例表示质疑。例如，人教版四年级上册教材中有一个童话单元，一位老师尝试单元整组教学，他在教学设计中安排以填表的形式呈现每个故事发生的时间和地点。张学青老师认为这不合乎童话的文体特征。童话这种文体，往往把外部时空虚化、淡化，使人无法在历史的坐标系中确定相应的位置，于是有了"从前""在大森林里"这样的时空概念。

又如，一位青年教师执教《卖火柴的小女孩》，不断追问学生：小女孩擦亮火柴以后，真的看到了那暖和的烤炉、喷香的烤鹅和慈爱的奶奶了吗？这种追究真假的问题，对童话教学来说并不合适。

概念化解读，可惜了

童话是幻想的作品，充满夸张、神奇，跟实际人生似乎没有什么关系。但童话的幻想其实是建筑在现实生活上的。也就是说，童话是通过变形的人物，应用夸张、超现实的情节，反映现实的社会和人生。因此，童话的内容和实际生活是有关系的，它常带有象征特质。

例如李欧·李奥尼的《小黑鱼》，象征性很强，意蕴很丰富。如果你简单地让孩子们在阅读后得出一个道理——团结力量大，就可惜了。

例如《犟龟》，象征性很强，意蕴很丰富，至少梅子涵老师读出了独特的一种：只要上路，就可以遇到一场自己想看的婚礼。如果你只是简单地统一出一个道理——做事要坚持不懈，就可惜了。

例如教材里的《去年的树》，跨越生死的友谊、承诺、执着以及放手……可以读出的东西实在太多。如果你只是简单地统一出一个道理，就可惜了。

例如教材里的《巨人的花园》，杭州的刘发建老师带领孩子们一会儿浅浅地读，一会儿深深地想：这堵围墙意味着什么？当一个人砌起高高的围墙自我囚禁的时候，他的心灵花园里，也只能永远是冬天。雪、霜、北风与冰雹所蕴含的意象，何尝不是心灵的孤寂与寒冷呢？……如果你只是简单地统一出教参里的那个中心句——可以分享的快乐才是真正的快乐，就可惜了。

越是优秀的童话，越有发掘的空间，越能培养高级审美情感。

在中、高年级的童话教学中，教师更需要设计开放的话题，营造宽松自由的对话空间，通过对话将童话故事中包孕的丰富的意味凸显出来。

美国的那堂《灰姑娘》阅读课，人们一度质疑它是否存在过。而在我看来，不管它是否存在过，都值得我们思考、借鉴。在那堂课中，教师用五个话题与学生一起探讨《灰姑娘》。

1．你们喜欢故事里面的哪一个人物？不喜欢哪一个？为什么？

2．如果在午夜12点的时候，辛黛瑞拉没有来得及跳上她的南瓜马车，你们想一想，可能会出现什么情况？

3．如果你是辛黛瑞拉的后妈，你会不会阻止辛黛瑞拉去参加王子的舞会？你们一定要诚实哟！

4．辛黛瑞拉的后妈不让她去参加王子的舞会，甚至把门锁起来，那么她为什么能够去，而且成为舞会上最美丽的姑娘呢？

5．这个故事有什么不合理的地方？

教师用这五个话题，在轻松随意间带领学生领略经典童话的魅力。"守时""需要朋友""爱自己"，这样的对话可以帮助学生"看到没有看到的"或者"更清楚地看到所看到的"。它尊重学生，让学生享受到丰富的情感体验和深度阅读的愉悦。我们的童话教学中很少见到这样优秀的个案，这也是我们需要努力的方向。

说到这里，我们还是要努力梳理出童话教学的一些正面的建议。

山歌要唱，童话要讲

一二年级的孩子读童话，要让他讲出来。山歌是用来唱的，童话（故事）是用来讲的。

童话是用来讲的，尤其是那些古典童话、民间童话。它们很多脱胎于神话，接近口头文学，让孩子讲述意义非凡。

我们的孩子很少讲故事，教材中故事本来就很少，偶尔出现了，我们也总是引导他们拿腔拿调地读、记，就是不讲，就是不说。说故事的时候，需要注入情感，需要随性发挥，需要自然，但我们的孩子已经不太会了。因为不会，就更需要，而且很迫切。所以，让孩子讲述本身就具有重大的意义。很多时候，讲故事，哪怕只是讲，也是可以悄然体验到很多东西的，尤其是童话中那种原始的智慧、朴素的情感、瑰丽的想象。

讲故事时，尤其是面对低龄儿童，没必要对内容进行分析。

不分析有一个重要的原因，是七八岁的儿童无法从题材、主题、人物、情节、语言、结构等局部去分析童话，他们把握故事，依靠的是直觉。用张学青老师的话说是："对低年级学生来说，只要让故事给学生留下鲜明的形象就是大大的成功——形象的力量在于对未来的潜在理解——形象有一种天然'觉醒'的能力，学生可以在长长的岁月里慢慢体会，而'解释'往往会削弱它的力量。"

当然，和一二年级学生在课堂上共读怎样的童话、讲述怎样的童话还是很有讲究的。

和七八岁的孩子最好共读、讲述怎样的童话呢？最好是那些故事感很强、具有古老历史的民间童话。只要一听到"从前"或者"很久很久以前"，孩子们就知道有精彩的故事开始了，他们自然而然就有讲下去的欲望了。我在《我是一支爱写作的铅笔》一书中看过国外的一个教学案例，老师说有些词语会带出词语的，于是她在黑板上写下"很久"，孩子们自然接着说"很久很久以前"，于是一个故事很自然地被一步步带出来了。

和七八岁的孩子最好共读、讲述怎样的童话呢？最好选择那些结局光明、美好的童话：小红帽最终战胜了大灰狼，灰姑娘最终嫁给了王子，阿里巴巴最终战胜了四十大盗……小时候经常听童话的孩子，印象最深刻的就是那句话——"从此，他们过上了幸福美好的生活"。在我以及许多家长的经验中，如果主人公的困境或不满没有得到解决，七八岁的孩子就无法得到充实感和满足感，他们是难以接受甚至不堪忍受灰暗失败的结局的。

和七八岁的孩子最好共读、讲述怎样的童话呢？最好选择情节简明一点儿的童话，例如那种带有数字"三"的反复结构的童话：灰姑娘先后三次参加王子的宴会，主人公要回答三个问题，英雄要经历三次考验，农夫要生三个儿子……这是童话故事中最常见、最经典的结构。我们在孩子讲童话故事的时候，可以适当点拨，提醒他相同或相近的情节在不同的地方再来一次，当然，反复不是一种完全的重复，每次反复都会加入一些新的元素，或者包含递进元素。

把讲台变成童话的剧场

在北京举办的第六届"两岸四地小学语文教学观摩活动"中，内地、香港、台湾、澳门的老师同教一则童话——《去年的树》。"两岸四地"的同课异构引来满场期待，大家都希望上课老师能够基于自己的文化背景和教育理念，上出自己的鲜明特色，所以都提高了心理预期。可是澳门的课还是在所有人意料之外。澳门的两位年轻男老师竟然把教室还原成了真正的舞台，舞台上一张课桌也没有，在众目睽睽之下，他们携手带领学生扮演鸟儿、树根、门先生、小女孩，鸟儿在舞台上不断地追问树的行踪。刚开始，我也觉得澳门的课另辟蹊径是想"搏出位"，有一点儿哗众取宠的味道，排戏怎么可以算一堂课呢？可后来我又追问自己：排戏为什么不能算一堂课呢？排戏的过程实际是"教师、学生与故事化在一起"的过程，是让学生真正对童话有所体验。

在我看来，三四年级童话教学的核心，不是讲述，也不是理解分析，而是让孩子进入童话，融入童话，忘掉自己，成为童话的一分子，成为童话中的一个角色——童话中的人就是"我"，"我"就是童话中的老头子、老太太。那么，怎样让孩子进入童话，融入童话呢？表演应该是很好的一种选择。

每一个一线语文老师都会感受到三四年级孩子对还原人物、还原情境的偏爱，这个年龄段的孩子非常喜欢通过表演进入童话。有的老师和家长认为这个时期的孩子似乎更应该接受理性的逻辑训练（奥数训练就是从这个年龄段开始的）。但是，在我看来，对成长期的孩子来说，想象力、空间和理想等，较之理性的逻辑训练仍然要重要得多。

而且童话是适合表演的。

第一，童话题材极有儿童情趣和游戏精神。学生置身在童话的幻想中，成为其中的一员，就能获得想象中的成就感、解放感、自由感。这种解放感和自由感可以给人带来审美的愉悦。幻想精神和游戏精神，是儿童热爱角色朗读与表演的直接原因。

第二，童话是情节性很强的文学作品，里边少有大段对话以及风光景物的描写。

第三，童话里的人物基本是扁平化的人物，好就好到十全十美、人见人爱，坏就坏到十恶不赦、恶贯满盈，容易塑造。

第四，童话的冲突性很强，打败大灰狼、战胜巫婆的过程实际上是孩子演练内心冲突的过程（心理学家雪登·凯许登），表演的过程是强化心理感受的过程。

不少教师对童话教学有一定的了解，知道表演是童话教学的有效方法，便常常在教学中通过表演来调动学生的学习兴趣。然而，如果没有真正让孩子们理解童话，走进童话的精神世界，他们的表演就很容易走向形式化。表演不是简单的动作操练，而是学生在理解文本，与作者产生共鸣后情感表达的需要。

另外，中国的课时制导致学生无法在老师的帮助下，真正注重环境、角色、台词，完整地排演一出童话剧。所以大部分老师总是用课堂上的局部时间（10分钟左右）来排演童话剧。因为时间太短，孩子们很难真正投入，角色感不强。

发现童话的叙事特点

无论是讲述还是表演，都要迅速记住童话。但尽快记住不是死记硬背，而是努力去发现童话的叙事结构、叙事程式。

民间童话叙事的固定模式首先体现在开头和结尾。"从前……"，这是我们熟悉的民间童话的表达方式，这样的开头虽然千篇一律，却能够使读者在如此遥远、充满距离感的叙述基调中找到一种神秘的认同感。这两个字实际上创造了童话和现实的距离，向小读者发出了进入另一个世界的邀请，告诉他们这是一个过去了的世界，因而也是一个远离现实的世界。这种时间上的疏离所设定的陌生感能够制造惊异的阅读效果。与此相对应，童话主人公的大团圆结局——"从此，他们过上了幸福美好的生活"，又将儿童从非现实带回现实中，并暗合了他们的阅读期待，使他们如同故事里的主人公一样，也经历了同样的险情，获得了最终的心理满足。

民间童话叙事的固定模式也体现在中间的结构上。研究童话的金燕玉、洪汛涛、林守为等先生，总结出了一些常用的童话结构：反复、对比、循环法、现实与幻想结合法、包孕法、巧合。其实，我们不用给孩子讲解这些结构，让他们多读一些童话，他们在比较中自然会有自己的发现。下面这些童话的结构类型就是我在教四年级时学生自己在阅读中发现的，他们发现后还自己创作了相应的童话。

童话类型	学生的第一次习作
"王子与公主"型：王宫里总有一个英俊的王子，或者一个美丽的公主。可是要嫁给王子或者娶到公主并不是一件容易的事，或者要赢得竞争，或者要通过考验。不过，这类童话的结局总是差不多的：王子和公主最终幸福地生活在一起。	国王有两个女儿，同时爱上了邻国王子。大公主一路冷漠，二公主一路热心。大公主大病一场，二公主和王子幸福地生活在一起。
"三个儿子"型：故事里的父亲、母亲总有三个儿子，相比老大和老二，小儿子总是最聪明、最强壮、最勇敢、最诚实，但往往也最不受重视。三个儿子肯定要接受一个任务，或者面对一个难题，或者经受一些诱惑……最终的结局嘛，一般都是小儿子胜出。如果写这类故事，任务、难题、诱惑以及三个儿子的反应，是发挥作者创意、想象力的地方。	国王要从三个儿子中选一个继承人。国王布置了一个任务——上山斩九头虎。大儿子让手下代劳，二儿子用尾巴代替，小儿子老老实实空手而归。最后，小儿子继承王位。
	森林国王要退位，想从三个儿子中选一个……后面的情节实在有点儿乱。
	老木匠有三个儿女。他希望三个儿女成才。大儿子好吃懒做，二女儿不注重锻炼，小儿子全面发展……
"故事新编"型："灰姑娘的故事""三只小猪的故事""龟兔赛跑的故事""狐狸和乌鸦的故事"是被人改编最多的几个故事，其中不乏一些大作家。改编人们耳熟能详的经典故事，或者改变故事发生的背景，或者改变故事的结局，或者改变故事的一些细节……	乌龟和兔子再举行比赛，他们争先恐后。兔子想吸取教训取得胜利，途中因为帮助兔奶奶而拖延了时间。但是裁判宣布兔子获得最终胜利。
	取经回来的八戒开加油站，由于地段好，生意兴隆，暴富。暴富后的八戒做生意不认真，最后加油站被举报查封了。
	狐狸要骗乌鸦的肉吃，一次不行，两次不行，第三次成功了。

童话类型	学生的第一次习作
"屌丝逆袭"型：主人公通常受到蔑视，被叫作"小傻瓜""小呆瓜""小裁缝"等，完全处于社会或家庭生活的弱者地位，但是他们往往尊重和善待大自然中的一切生命和事物，尤其善待老者、弱者，完全不受世俗偏见、权势、金钱的摆布，所以只有他们能够辨认和尊重大自然特意为他们显露的神奇迹象，并且凭借固执甚至笨拙的对大自然神奇力量的信念而获得成功。	国王宣布谁能够在古城堡里住一晚就可以得到100个金币。一个小男孩报名了。先后斗怪人、独角兽、巨人，得到了金币，过上了幸福的生活。
"尺寸比赛"型：故事里总有两个或几个人物谁也不服谁，或者炫耀自己的见识广，或者夸赞自己的能力大……最后总有一件事让他们明白"山外有山，人外有人"，明白"尺有所短，寸有所长"，明白每一个人都是独特的、有价值的。	红气球和绿西瓜比漂亮。红气球为了炫耀自己见多识广，越飞越高，结果被一只乌鸦啄成了碎片，绿西瓜却依然在生长。
	小青菜、猪笼草和月季花各自炫耀自己的优点，花农进来说："后来发现猪笼草能吃虫但不能开花，青菜是食物但不能捉虫，月季能开花但不能吃。"所以人才是花园的主人。
	小毛衣认为冬天最美，小花裙认为春天最美，他们争论不休。后来小毛衣看到了春天，小花裙也看到了冬天，觉得两个季节都很美。
"奇幻世界"型：我们总是对这个世界还不太满意，觉得这个世界太辛苦，规则太多，太无趣……所以，在这类故事里，主人公总是阴差阳错到了"懒人国""颠倒国""马虎国"……需要注意的是，童话里的主人公去那些"与众不同"的地方，不是穿过什么"时空隧道"去的，那不是童话，而是科幻小说了。	大熊做事马虎，阴差阳错来到靠谱城，结果靠谱城一点儿不靠谱，连火箭发射这样的大事最后都因为马虎而失败……

童话类型	学生的第一次习作
其他	就要过冬了，森林里的小动物都在准备过冬。兔子欢欢的蘑菇不翼而飞，排除种种可能后，发现小偷竟然也是一只兔子。
	小蜗牛是快递员。第一次送肉，等送到时，肉都腐烂了。第二次送包裹弄丢了，客人都很不满意。第三次送果树，等送到时，果树上长满了苹果，客人很满意。
	有一座非常美丽的花园。公主非常喜欢这座花园。可是，她在生命和花园之间必须二选一。公主选择了花园，失去了生命。公主感动了上天。公主变成仙女再次管理花园。
	剑齿虎和冰原狼为了争夺王位，打得天昏地暗，最后子民都死了。剑齿虎和冰原狼醒悟了，将国土一分为二，各自为王，和平相处。

课例：感受同一个作家的不同风格

【文章】

1.《去年的树》（新美南吉，人教版四年级上册课文）

2.《大鹅过生日》（新美南吉）

3.《猴子和武士》（新美南吉）

【课例呈现】

师：今天这堂课，我们要读三个童话，它们是同一个作者的，我把作者的名字写在黑板上，请你们读一下，可以吗？

生：新美南吉。

师：好。同学们觉得这个作者是哪个国家的？不用说理由，就凭感觉。

生：日本的。

师：你们同意吗？其实，在你读过很多故事后，有时候凭名字就可以感觉出这个故事是哪个国家的。比方说汤姆、杰克，一般来说都是英国或者美国的；类似桃太郎，什么什么郎的，一般是日本的；如果名字后面带个"斯基"，大概就是俄罗斯的。

《去年的树》是一个简洁、干净的童话

师：新美南吉确实是一个日本童话作家，我们下面就要读他的童话了，但是今天比较特别，在读童话之前，请大家先看两幅画。作者是丰子恺。看完两幅画，你大概可以感觉出丰子恺的画的特点了。

生：简单明快，而且他的画好像从来不画脸。

师：对，所以当时有人写文章评价丰子恺的画，说丰子恺画画"不要脸"。你说这个作者是不是在骂丰子恺？

生：我觉得有可能是想提升美观度吧。

生：我觉得是他怕把脸画错了。（笑）

生：这不是在骂丰子恺，这是说丰子恺画画简洁明快。

师：丰子恺画画"不要脸"是说明他画画简单明快，寥寥几笔就把画画下来。有些画是这样，有些童话也是这样，篇幅短小，语言简单明快。比方说我们马上要读的《去年的树》，你们已经读过了，对不对？那是你们自己读的，我们一起再来读一遍。《去年的树》讲了两个人物，是哪两个人物呢？

生：是一只鸟儿和一棵树。

师：你说这一棵树和一只鸟儿之间是什么关系？

生：朋友关系。

师：嗯，他们是朋友，而且非常要好。好到什么程度呢？童话的第一段就写了，请你们一起读一读——"一棵树和一只鸟儿是好朋友。鸟儿站在树枝上，天天给树唱歌。树呢，天天听着鸟儿唱"。

师：鸟儿天天给树唱歌，树天天听着鸟儿唱，如果不发生什么意外的话，他们的生活还会这样继续下去，对不对？他们的生活如何继续呢？（再读第一段）

师：可是故事要发生一点儿变故，第二段意外就发生了——"日子一天天过去，寒冷的冬天就要来到了。鸟儿必须离开树，飞到很远很远的地方去"。两句话就把转折讲清楚了，简单明快。

师：因为鸟儿要走了，就出现了这个童话里的第一次对话，是谁和谁的对话？

生：是树和鸟儿的对话。（生读对话）

师：树和鸟儿的对话，简单明快。第二年鸟儿真的回来了，但是没有看到树，只看到一个树根，于是出现了这个童话里的第二次对话，是谁和谁的对话呢？

生：是鸟儿和树根的对话。（生读对话）

师：然后鸟儿又飞到了山谷里，停在门上，于是有了这个故事里的第三次对话，又是谁和谁的对话呢？

生：鸟儿和门的对话。（生读对话）

师：鸟儿飞到村子里，又出现了这个童话里的第四次对话，是谁和谁的对话？

生：是鸟儿和女孩的对话。（生读对话）

师：这个童话不长，主要写了这四次对话。大家有没有发现，四次对话，有一个人物是不变的？哪个人物呢？就是鸟儿始终不变。大家一起来读这几段话。

"再见了，小鸟！明年春天请你回来，还唱歌给我听。"

"好的，我明年春天一定回来，给你唱歌。请等着我吧！"

"立在这儿的那棵树，到什么地方去了呀？"

"伐木人用斧子把他砍倒，拉到山谷里去了。"

"门先生，我的好朋友树在哪儿，您知道吗？"

"树么，在厂子里给切成细条条儿，做成火柴，运到那边的村子里卖掉了。"

"小姑娘，请告诉我，你知道火柴在哪儿吗？"

"火柴已经用光了。可是，火柴点燃的火，还在这盏灯里亮着。"

师：读到这儿同学们有什么感觉呢？

生：我觉得这只鸟儿很执着，她和树的友情也非常深。

生：这棵树太可怜了，他被砍了。

生：我通过这四段对话，知道了鸟儿一直在问树在哪里。

生：这个故事挺感人的。

生：作者也许是在告诉我们要保护环境，保护森林。

生：作者也许想告诉我们要诚实守信。

师：当你感受到这些的时候，这个简短的童话就读完了，所以大家在阅读的时候要仔细。

"干净"的童话，有些细节要停下来想一想

师：我们再回到丰子恺的画，刚才大家说丰子恺的画很简单，寥寥几笔，"不要脸"，但你有没有发现，其实这幅画有一个细节画得很具体？其他画家都不会这么画。大家有没有发现？找找看。

生：应该是风筝的线。

师：风筝线就一条细线啊，再简单就没有了。（笑）

生：应该是风筝上面的字，都画得非常仔细。

师：你说画画脸都不要了，结果这个风筝上的字工工整整地写在那里，一个是"和平"，一个是"胜利"，丰子恺这样写肯定是有原因的，他想强调这个，你觉得是什么原因？

生：应该是当时战争很混乱，他希望战争尽快结束，让世界变得和平。

师：表达了愿望，真棒！很明快、很简洁的画，有些我们还是要想一想。画是这样，童话也是这样，可能一两分钟就看完了，但是有没有字词是新美南吉想强调的？我们再来看《去年的树》，下面请默读，默读更利

于思考，然后把重点字词圈起来。圈好后停下来想一想。（板书：停下来想一想）

我圈的是"必须"

师：你圈了什么词？

生：我圈的是"必须"，就在第二段里："鸟儿必须离开树，飞到很远很远的地方去。"

师：我自己读的时候，真没注意这个"必须"，你来说说这个"必须"。

生：这个"必须"说明小鸟是"不得不"离开，其实小鸟是很不愿意离开的，她想和树待在一块儿，因为他们是很好很好的朋友。

师：孩子们，听到了吗？关系再好，也有分别的时候。这个童话里，小鸟为什么必须离开？

生：她要去南方过冬。

生：她不离开会死的，没有办法。

师：小鸟为了生存必须离开。生活中，有必须离开的时候吗？你经历过这样的事吗？

生：我一、二年级是在其他学校读的，三年级的时候转学到这里，那时候，我不得不和我的同学分别。

生：一个人要出国留学，那他的爸爸妈妈就不得不和他暂时分离。

……

师：童话里的这个"必须"告诉我们，有时候，我们必须面对生活中的"生离死别"。谢谢你的发现，谢谢大家的分享。

我圈了最后一句中的"看"

生：我圈了最后一句中的"看"："唱完了歌，鸟儿又对着灯火看了一会儿，就飞走了。"

师：这个"看"字有什么特别之处吗？

生：作者可以写"唱完了歌，鸟儿就飞走了"，这里强调了"看了一会儿"，我觉得鸟儿是在向树做永远的告别。

师：这就奇怪了，为什么鸟儿在树根、大门那儿不做永远的告别呢？

为什么到煤油灯这儿就做永远的告别了呢？

生：煤油灯里的灯火熄灭了，就相当于树的生命没有了。

生：一般情况都是这样的，前面还坚信朋友还活着，只要自己努力，朋友是可以永远在一起的。但是，灯火灭了，朋友也就不在了。

生：我也觉得是这样，以前心里抱着希望，可是现在，觉得希望马上就要破灭了，所以要看一会儿。

我也圈了"看"字

师：一个"看"字让我们体会到那么多东西。还有其他地方吗？

生：我也圈了"看"字，不过我圈的是前面那个"看"字："鸟儿睁大眼睛，盯着灯火看了一会儿。接着，她就唱起去年唱过的歌给灯火听。"

师：这两个"看了一会儿"到底有什么区别？

生：我觉得有区别。这里的"看了一会儿"是小鸟在判断——灯火是不是她的好朋友树；后面的"看了一会儿"是告别。

师：他觉得两个"看"之间有细微的差别，你们都是这样想的吗？

生：我觉得第一个"看了一会儿"不是判断，是鸟儿还存有侥幸的想法。要判断，盯着灯火看就可以，而这儿是"睁大眼睛，盯着灯火看了一会儿"，她是希望灯火不是自己的朋友。

生：我也是这样想的，第一个"看了一会儿"是不相信树变成了灯火；后一个"看了一会儿"表明她不得不接受这样的现实，她知道要与树永远分离了。

师：对一个"看"字，大家有这么多理解与体会，老师也有自己的想法，老师的想法更倾向于第一个"看"是小鸟在观察，在确认，在判断——

生：（强烈要求发言）老师，第一个"看"，小鸟是在判断。大家看课文，小鸟看了一会儿后，对树唱起了"去年的歌"，这说明小鸟确认了面前的灯火就是她的朋友树，否则她不会唱"去年的歌"。鸟儿唱"去年的歌"，就是和树共同回忆过去在一起的日子、过去的美好。

师：好一个"看"字啊，这是整个童话里边为数不多的细节描写，我

们来读一读吧。（生读）

师：不不不，同学们，不要读得这么"用力"、这么煽情。尽管你有很多体会，但可以把感情平缓、克制地表达出来，听我读。（师读，生再读）

我圈的是"一会儿"

生：蒋老师，我圈的是"一会儿"，（唱完了歌，鸟儿又对着灯火看了一会儿，就飞走了）因为我有一个疑问。

师：哦，说来听听。

生：如果鸟儿认为灯火真的是她的朋友，为什么只看了"一会儿"呢？

师：你的意思是，应该看很长时间，因为心里不舍。你们怎么看这个问题？

生：我认为是小鸟不忍心看到朋友树死去，多看会让自己太悲伤。

生：因为灯火总有一天是要熄灭的，朋友已经走了，再看也没有用了。

师：他的意思是"该放手时就放手"，很多时候，人总有一别。

生：我觉得是鸟儿尽到自己的责任了，实现了自己的诺言，反正朋友会永远活在自己的心里，看不看都无所谓，所以说"看了一会儿"。

师：她的理解让我很感动，在她看来，小鸟和大树没有真正地分别。

生：老师，你们都觉得大树死了，可我觉得鸟儿认为这棵树还没有死。我想续写这个故事，可以吗？

生：鸟儿飞到了以前树根在的地方。小鸟想：不管怎么样，树根还在那儿，我要唱去年唱的歌给树根听。于是，她唱起去年唱过的歌给树根听。突然，一个声音对她说："谢谢你又来为我歌唱。"原来是树根在说话。树根又说："你以为我死了吗？其实我并没有死，只要我的根还深扎在泥土里，只要太阳还照耀着我，我就不会死，明年请你再来为我歌唱。"小鸟欣喜地飞走了。（生鼓掌）

师：刚才蒋老师还自以为聪明地总结——朋友终有一天是会离开的，她却告诉我——朋友是可以永远不死的。

《去年的树》有一点儿淡淡的伤感

生：我圈的是小姑娘回答树的那段里"亮着"这个词。

生：我认为，最后小鸟还是跟树见面了，虽然树已经化成了灯火，但他们还是见面了，灯火也听见了小鸟为他唱的歌。

生：整个童话我们看了有点儿伤感，但是看到"亮着"，我不是那么难过了，我觉得树的生命在延续，而且它照亮了别人，温暖了别人。

师：是的，有点儿伤感，但不是很伤感，这是一个"淡淡的伤感"的童话。（板书：淡淡的伤感）"淡淡的伤感"让我们感受到很多情谊，让我们感受到这个童话是善的，是美的。（板书：情、善、美）

《大鹅过生日》有趣、好玩

师：现在我们只是读了新美南吉的一个童话，你们觉得新美南吉写童话是不是都是这种味道？下面请你读第二个童话《大鹅过生日》，自己默读。（生默读）

师：你读了之后伤感吗？

生：没有。

师：那有什么感觉？

生：很有趣。

生：很好玩。

师：哪些地方让你感觉有趣、好玩呢？（板书：有趣、好玩）

（生偷笑，没人举手）

师：你们是不是觉得有一个词不方便说出来，觉得不文雅？那我先带头说一遍——放屁。（笑）

师：我可不是在骂人，我是在说一种生理现象。哪些地方让你感觉有趣、好玩？

生：鼬鼠的坏毛病是放又响又臭的屁！我看到这里就想笑。

师：在童话里很少能看到这些不文雅的词语，新美南吉就用了。你觉得好笑。

生：鼬鼠本来就喜欢放屁，结果在生日宴会上，他们偏偏还要吃很多东西，有豆腐渣、胡萝卜、黄瓜皮和杂烩粥。我觉得这些东西本来就容易产生屁。（笑）

生：鼬鼠为了忍住不放屁，竟然活活憋晕了，太可怜了。（笑）

师：这个童话确实很有趣，很好玩。我们来看这个童话的最后一段："你瞧瞧！大家你看我，我看你，长叹了一口气，心里都在想：还是不该叫鼬鼠来啊！"

师：看了这个结尾，你们是不是觉得大家在嫌弃鼬鼠，在后悔请鼬鼠来参加生日聚会？

生：不是的，我觉得大家是认为这样对待鼬鼠不对，觉得他们劝鼬鼠不要放屁太为难鼬鼠了。

生：我觉得其他动物在想——真正的朋友应该能接受朋友的缺点。

生：老师，我想把结尾换一下。

师：可以啊。

生：我的结尾是——大家听了医生的话，每个人在鼬鼠身边放了个屁，鼬鼠被熏醒了，也痛痛快快放了个屁。（爆笑）

师：这倒跟整个童话的风格比较相符。你们看新美南吉写的童话还有这种风格的，那么有趣，那么幽默，但表达的东西还是情，还是善，还是美。

《猴子和武士》悬疑、幽默

师：我们再来读新美南吉的第三个童话《猴子和武士》。（生默读）

师：很多人看了这个童话，坚决认为它不是新美南吉写的，他们为什么这样认为？

生：写作风格完全变了。

生：这个字太少了。

生：前面的他写得都非常感人，又很有道理，这个就觉得不是很感人，反而有点儿暴力和血腥。

师：真的有点儿血腥。我们来读这几个武士的话。

武士一："把那个猴子砍了！"

武士二："好。我来砍！我的刀已经有一个月没有抽出鞘了，手直痒痒。"

武士三："不行，我来砍，我的刀最快。"

武士四："不行，不行！以你们的刀法，猴子非逃走不可。还是我来吧。"

武士五："求求你了，让我来砍吧。"

生：我觉得肯定不是新美南吉写的，我甚至觉得这不是童话，童话都是很美好的，是讲真、善、美的。

师：这个对话是有一点儿暴力，有一点儿血腥，是不太一样。前面的童话无论是淡淡的伤感，还是幽默好玩，毕竟还是挺美的，讲了很多情。但是，我告诉你们，这个童话真的是新美南吉写的。只是就像那位同学所说的，太短了。我把结局隐去了，如果你看了这个故事的结局，你就不会觉得血腥、暴力了，你仍然觉得是善的，是美的。你们猜猜看结局是什么样的。它会让我们大大地改变对这个童话的印象，大家讨论一下。

生：我觉得是五个武士不得不杀猴子，但是又很犹豫，因为猴子跟他们熟悉起来了。武士们最终还是没有杀猴子，猴子又给他们找到了食物，他们就幸福地生活在一起。

生：猴子跟武士建立了感情，猴子也变得更大了，武士走累的时候可以骑在猴子的身上。

师：大家的幻想都很好。我们来看一看作家是怎么结尾的。新美南吉终究是新美南吉，很简短的结尾，他充分利用了武士的对话。

武士一："你来砍！你不是想砍吗？"

武士二："不，还是你砍吧。我的刀刃崩掉了一块儿。"

武士三："你怎么样？你不是说手痒痒了吗？"

武士四："我不行，我肚子疼。"（说话之间，荒野的前方出现了一个村子。）

武士五："啊，前面有村子！走到那儿，就有吃的东西，用不着杀这只猴子了。"

师：五个武士眼里都含着眼泪，因为不用杀猴子，他们太高兴了，这个时候大家都在笑。现在整个故事看完了，你们还觉得血腥、暴力吗？现在是什么感受？

生：武士跟猴子还是有感情的，他们是不想杀它的。

生：结局还是挺美好的。

生：武士很善良，宁可饿着肚子也不杀猴子，等到下一个村庄再找吃的东西。

生：我觉得其实这个童话蛮幽默的，前面和后面形成了强烈的对比。武士绞尽脑汁想保护猴子的理由，后来终于想出来了，高兴得眼泪都出来了。我读到这里觉得蛮好玩的。

总结：作家可以尝试不同风格

师：读到这里，蒋老师要做一个小小的总结。你看一个作家，一个童话作家，他写出了这样的童话《去年的树》，他也可以尝试不同的风格：有时候故事让人感觉到淡淡的伤感；有时候又很幽默、好玩、生动、有趣；有的故事甚至开始让人觉得很血腥、暴力，但看完之后又感觉不是那么回事。然而，不管风格怎么变，有些东西是不变的，什么不变呢？（手指板书：情、善、美）你可以通过读更多新美南吉的童话去体会。好，这节课就上到这里，同学们再见！

散文这样教

　　在不同版本语文教材的选文中，散文占的比例毫无疑问是最多的。同样，语文试卷上的阅读材料，散文也少有缺席的时候（这种现象甚至引起了"语文学习怎么成了散文学习"的质疑）。与散文在语文教材中的突出地位相比，人们对散文阅读教学规律的研究、总结却很有限，既缺乏关于散文这种文类的核心知识，又缺少大家都认可的教学模式。

散文到底是指哪些文章

　　什么样的文章称为散文，一直有争论，大家莫衷一是。

　　散文真的是个大箩筐，它并不是严格意义上的文体概念，只是文学实践中约定俗成的文类概念（王荣生《散文阅读教学设计的原理》）。散文的定义，向来用排除法，例如，除去小说、诗歌、戏剧等纯文学，以及实用文章，凡是在文体上说不清、道不明的，就会被放进散文这个筐里。

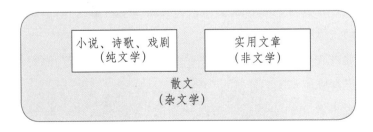

　　在当代，散文的地盘逐步被挤压，凡是形成了文类规范、能指明文学特征的文章，逐渐从散文中被分离出去，比如通讯、特写、报告文学、

报道、传记、演讲辞、科普小品、寓言、童话、儿童故事等。有些亚文类，例如回忆录、采访、序言、杂文等，尽管依然"赖"在散文这个筐子里，但因其文类规范和特征越来越明朗，往往也被当作散文中的另类来看待。

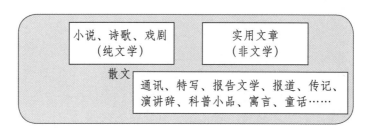

散文的特点到底是什么

到目前为止，散文这种文类都还没说清楚，散文研究，尤其是散文教学研究就更欠缺了。中国散文理论话语的建构，是从20世纪90年代末到新世纪才逐渐形成的。"从整体上看散文研究还处在文学研究滞后的位置，亦步亦趋地跟随小说与诗歌研究艰难前行。"中小学散文教学可资参考的，主要是孙绍振、钱理群、王富仁等在解读一些散文文本时所显现的解读方式。一方面，散文是主导文类；另一方面，散文理论研究缺位，散文解读理论几近阙如。这就是我国中小学语文散文教学所处的困境。

散文的特点到底是什么？几乎没有人说清楚过，在散文大家族内部，亚种类繁多，差异性巨大，使得人们煞费苦心地对散文特征进行的种种概括描述，都显得漏洞百出。

有人觉得散文的特点是"笔调灵活"，可是有的散文却写得老老实实，有的还刻意写成流水账的样式……

有人觉得散文的特点是"形散神不散"，可是许多经典散文的"形"并不见散，它们结构严谨，体式俨然……

有人觉得散文的特点是"情景交融"，可是偏偏有的散文通篇直抒胸臆，有的通篇写景，没有半点儿情感抒发……

有人觉得散文的特点是"含蓄"，可是有的散文很直率、不加掩饰地体现着作者的喜怒哀乐……

这是导致散文教学设计缺乏制约性的先天性缺陷。从整体上说，散文这种文体缺乏区别于其他文体的本质规定性。

既然我们对散文很难界定，那么，和其他文体做比较，是个好方法。然而，跟寓言、童话等做比较，距离太远，而跟诗歌、小说做比较，或许能看出一些问题。

文体	诗歌	散文	小说
时空关系	非叙事性	叙述片段过程	叙事性
表现方式	主观表现	主客观融合	客观再现
表现材料	谋词	谋句	谋篇
特点	以点状之象抒情	以片段之景、事表意	以完整故事观照社会
核心概念	意象	意境	人物、情节

看这张表格，你当然可以找出个例来反驳它的科学性，但是，你不能否认散文大体上有这些特点。

散文是有叙事性的，无论是写人，还是写景，抑或是说理，都要有例子，都要有事件，都要有局部的叙述。

散文表面上是在写所见所闻，实际上是通过所见所闻表达所感所悟、所思所想，而且是很个性化的感悟、思想，这些主观的感悟、思想反过来也影响着客观的见闻。这就是主客观融合。

散文的作者在写作时构思最多的是句子，对句子的谋划多于咬文嚼字，多于谋篇布局。

一篇好的散文凸显的是意境，意境是什么？要么是知趣，要么是理趣，要么是情趣，要么是志趣。

散文要追索作者的原意

关于文本解读，有几个词语越来越深入人心，例如"多元解读"，例如"作者死了"。读解理论发展得非常快。整理一下中西方现代文学批评史的脉络，可以发现文学读解理论经历了三个明显的阶段，即由作者中心论发展到文本中心论，再发展到现在的读者中心论。所谓"读者中心"，就是可以仁者见仁、智者见智，可以读出自己的观点。但这种"多元解读"，主要是针对小说、诗歌而言的。我们在读小说、诗歌时，感悟无论怎么"深入"，都不为过；观点无论怎么"新奇"，都不为过；体验无论怎么"多元"，都不为过。然而，"多元解读"并不适合散文。为什么？

现代散文的最大特征，是每一位作家的每一篇文章所呈现出来的个性。这是什么意思呢？散文中的所思所感，是作者极具个人色彩的感触、思量。作者之所以写散文，是因为要与人分享一己之感、一己之思。我们阅读散文，是感受作者的所见所闻，体认作者的所感所思。那么有人会问：我不喜欢作者的抒情，不同意作者的思想，怎么办？没关系，散文从来不祈求成为公认。我们阅读论文报告、新闻通讯等，最终要指向文章的外面：它们所论述的道理，是否成立？它们所报道的事件，是否真如其所言？而成立与否、是否如实报道，有公认的判别依据。之所以写论文、发新闻，目的就在于要获得公认或成为公认。然而，散文从来不祈求成为公认；阅读散文，也不是为了获取什么公认。

每个人眼中都有一个秋天，但读郁达夫的《故都的秋》，我们首先要感受郁达夫心中的秋，典型文人眼中的秋有独特别致之处。

每个人对生命都有自己的理解，但读杏林子的《生命　生命》，我们首先要弄明白，杏林子写这篇文章是要表达关于生命的什么感悟。

每个人对时间都有自己的感想，但读朱自清的《匆匆》，我们首先要弄明白，朱自清24岁时写《匆匆》究竟想表达什么。

追索作者的原意要注意什么

有老师可能会说，我教散文一直在强调理解作者想表达什么。这非常好，但可能有几个误区。

不要太快、太早奔向主题。 一说追索作者的原意，很多人就会联想起关于散文认同度很高的一种说法——"形散而神不散"。对如何理解"形散而神不散"，一直有争论。对这句话的过度认同也导致散文创作和教学一度走入误区。在创作上，形成了主题先行、单线推进、欲扬先抑、卒章显志的固定创作套路。其中最典型的就是20世纪60年代的"杨朔"模式。在教学上，导致把作品丰富的意蕴简化、窄化、抽象化、概念化为一言以蔽之的"中心思想"。例如，很多老师教《一夜的工作》，早早地得出一个结论——周总理工作劳苦，生活简朴。整节课就是寻找理由证明这个结论。这是典型的主题先行。所谓"主题先行"，就是在整体感知阶段，迫不及待地抛出一个肤浅化、标签化的主题，然后让学生到文中找一些表达这个主题的语段、词句。

不要长时间跑到文本外去空谈"思想"。 王荣生教授描述过一种课——老师和学生在课堂上说一些概念化、抽象化的"思想""精神"，说一些假大空的话，比如"不惧怕任何困难""任何困难都能克服"等。这样的课实际价值不大，"把人文上成了非人文"。比如杏林子的《生命 生命》，很多老师在课堂上额外讲东西，学生也"向外跑"，讲一些课文以外爱惜生命、珍惜生命的例子，这没什么意思。其实讨论生命可以，不用长时间跑到文本外。《生命 生命》里写着"我"看到飞蛾求生、看到瓜苗生长、听到心脏跳动非常震惊，那种震惊是擎天撼地的震惊。为什么会这样？我们每一个人几乎都看到过这样的场景，为什么没有"我"这样的震惊？"我"究竟有什么不一样？这是从文本里产生的不一样。可以补充杏林子的身世背景，让学生了解之后再回到文章中解答前面的疑问，感受杏林子对生命的敬畏、感动。

散文教学走到文本之外，其实就是抛弃了作者的语文经验，远离了作者通过独抒心机的章法、个性化的表达方式、流露心扉的语句所表现的人生经验。

追索作者原意的具体方法

但是，要追索作者的原意，也难。

因为语文教师，乃至其他任何人，不可能"具有"与作者等同的经验，无论是阅读之前、阅读之中还是阅读之后。"这一篇"散文所传达的，是作者的独特经验。也正因为经验之独特，我们才需要去读作品，才能够通过散文去感受、体验、分享我们在日常生活中所没有、所不可能有的人生经历和经验。

而作者的人生经验，是融会在他的语文经验里的。散文教学难就难在要让学生通过文字感受作者的独特经验。朱自清曾说过一段至今仍发人深省的话："只注重思想而忽略训练，所获得的思想必是浮光掠影。因为思想也就存在语汇、字句、篇章、声调里，中学生读书而只取思想，那便是将书中的话用他们自己原有的语汇等重记下来，一定是相去很远的变形。这种变形必失去原来思想的精彩而只存其轮廓，没有什么用处。"

概括一下，阅读散文，就是要关注作者个性化的语文经验，通过语言、文字去追索作者想要表达的想法。

个性化的语文经验有时体现在选材上。例如，冯骥才写维也纳，不写闻名世界的金色维也纳大厅，不写那些享誉全球的大音乐家，不写那些家喻户晓的经典名曲。他在《维也纳生活圆舞曲》里都写了些什么呢？他写鸟叫，写花钟，写小路，写老汉。更奇怪的是，他写鸟叫、花钟、小路、老汉却仍让我们一次次想到音乐。为什么会这样？鸟叫、花钟、小路、老汉和音乐究竟有什么关系呢？再比如，他写鸟叫，为什么不多写婉转、嘹亮、悠长的鸟叫声，而去写那些难听的鸟叫声？他写酒店里的人，为什么不写小伙儿、姑娘、孩子，而要写老人？深入研究冯骥才选材上独特的衡量，你慢慢就会感受到他想表达的东西：在维也纳，人们热爱音乐，他们有很好的音乐感觉，有很深的音乐"造诣"。他们听到生活中的声音，能联想到音乐；看到生活中的景物，也能联想到音乐。在维也纳无论男女老幼，无论贫富贵贱，人们都在享受音乐带给他们的快乐。《威尼斯的小艇》在选材上也极具教学价值——选材典型。写小艇的样子时，作者选取了外形上的三个典型特点——像独木舟、像新月、像水蛇；写船夫驾驶技术好时，作者选取了三种特殊情况——极快时、极挤时、极窄时，船夫是如何处理的；写小艇和人们关系密切时，作者选取了四个典型人物——商人、青年妇女、孩子、老人；写小艇和威尼斯的关系时，作者选取了两个典型场景——白天、夜晚。

个性化的语文经验有时体现在陌生化的表达上。一个语文老师对文章中那些有特点的语段要保持足够的敏感，并想办法带领学生去感受。《地震中的父与子》里有一句话这样描述父亲的努力："他挖了8小时，12小时，24小时，36小时，没人再来阻挡他。"作者为什么这样罗列时间的进程？他为什么不直接写挖了36小时呢？可以追问一下自己。

梁晓声在《慈母情深》里这样描述让他难以忘怀的一幕情景："背直起来了，我的母亲。转过身来了，我的母亲。褐色的口罩上方，一对眼神疲惫的眼睛吃惊地望着我，我的母亲……"作者为什么将一个主谓结构的连动长句一分为三，而且都将主语后置？可以停下来想一想。在《祖父的园子》里，萧红的语言是稚拙的，那种反复的表面稚拙的语言却充满情感张力，这在文学史上是非常独特的，和她追求自由生命的理想也是一脉相承的。

总之，散文教学就是要引导孩子去关注语言，并且以一种他们可以接受的方式带领他们去感受作者的情感、想法、观点。

课例：用感叹号和问号向虫子致敬

【文章】

1.《草虫的村落》（郭枫）

2.《走向虫子》（刘亮程）

3.《上帝的伏兵》（鲍尔吉·原野）

4.《我的邻居胡蜂》（苇岸）

【课例呈现】

师：你发现《走向虫子》《上帝的伏兵》《我的邻居胡蜂》这三篇文章

的共同点了吗？（在上《草虫的村落》前，我选了这三篇文章，打印出来让学生带回家阅读）

生：这三篇文章都是写很小的虫子、很小的动物的生活。作者写它们前一定观察了很长时间。特别是第三篇，苇岸从6月看到了10月，观察了将近半年。

（我吓了一跳，回答问题的是小F，他有明显的写字障碍，也比较疏懒，基本不做作业）

师：说得很好啊，这三个作家都喜欢土地，喜欢大自然，喜欢微观世界。今天我们要读的《草虫的村落》也有这个特点。我们来读。

（生逐段读，我不断点评、纠音）

三个感叹号

师：很明显，作者郭枫在不断感叹：微观世界太奇妙了！一个人写文章感叹时，一般会用到哪个标点？（学生答"感叹号"）是的，感叹号。家扬暑假去了新加坡，晨悦去了欧洲，钱浩去玩了漂流，我看到你们的游记里就用了不少感叹号。请你们仔细默读文章，画出有感叹号的句子。

（这一课借鉴并简化了盛新凤老师的课例）

第一个感叹号：我想它一定是游侠吧！

师：家扬，你这段时间在读金庸的小说，你觉得什么样的人可以称为游侠？

生：在江湖上闯荡，自由，爱打抱不平。

师：嗯，行走江湖，行侠仗义。

生：哪里都是他的家，带着刀或者剑，武器要比较好。（笑）

师：你想得倒挺周到，四海为家的游侠要拔刀相助，刀要好。（笑）

师：作者不写"我想它一定是公主吧"，不写"我想它一定是乞丐吧"，而写"我想它一定是游侠吧"，一定是有原因的，什么原因？

生：因为后面写着："你看它虽然迷了路，仍傲然地前进着。它不断地左冲右撞，终于走出一条路。"

师：你是读了一下，自己的意见没说。注意，这时候关键是你要表达自己的意见。

生：我觉得最关键的是"傲然"这个词，迷了路，不急不躁，不气馁，仍然很傲，有点儿侠士的感觉。

生：它为了寻找一条路，左冲右撞，有游侠的气势，不撞南墙不回头。

师：下面我们就来练习朗读。

（练习朗读，散文确实要多朗读）

第二个感叹号：看啊！

师：作者说"看啊！"，他是让谁看呢？

生：让我们看，让我们读者看。

师：文章写到激动的地方，就可以穿越，邀请读者看。我们学过的哪篇文章也有过类似的表达？

生：《趵突泉》，里面有个句子："看，又来一个！"

师：是啊，老舍在文章里邀请读者一起看冒上来的水泡泡，他很激动，他觉得这个泡泡很好看。在这篇文章里，作者很激动地邀请我们看什么？

生：让我们看一只蜥蜴背着几只小黑甲虫。

师：这个很好看吗？很让人激动吗？（这个问题很重要哦）

生：在一般人眼里，大蜥蜴跟小虫子根本不相干，它们有可能是井水不犯河水的，可是它们竟然和平共处。

生：是的，它们竟然像朋友一样，蜥蜴背着虫子，真是让人想不到。

生：作者的联想也很有意思，感觉它们在一起参观远方亲戚的住宅。

师：作者为什么惊奇？我们一般往后看，往前读呢？

生：让人感到惊奇的是，这些小小的黑甲虫碰到庞然大物蜥蜴竟然一点儿都不害怕，还会热情地攀谈。

师：作者真会想象，竟然把甲虫和蜥蜴想象成很投缘的朋友。

师：作者看到这些感到很惊奇，这种惊奇融入字里行间，最后忍不住用了一个感叹："看啊！"

师：让我们练习朗读这段话。

（练习朗读）

师：说句实话，作者的这种惊叹很大一部分原因就是他自己的想象。

我看见在许多同类虫子中间，一只娇小的从洞里跑出来迎接远归者。

它们意味深长地对视良久，然后一齐欢跃地走回洞穴里去。

师：在作者眼里，这两只虫子似曾相识，你看它们意味深长地对视良久，你觉得它们是什么关系呢？

生：它们可能是夫妻。

生：我觉得不是，如果是夫妻，这时候应该紧紧拥抱在一起，看好久不太合理。（笑声）

生：内心太激动了，一下子愣住了，也有可能啊。很多电影中是这样的。（笑）

生：可能是兄妹关系，娇小的是妹妹，"娇小"这个词让人觉得这只虫子是母的……（笑）

师：我们对虫子的世界不了解，所以看到它们的一些举动就用想象。但是不是一定要这样写呢？

生：不一定，蒋老师给我们看的三篇文章，作者就是很细致地老老实实地记录自己看到的景象，没用什么想象。

师：嗯，写作方法不止一种，其实蒋老师更喜欢后一种。

第三个感叹号：这是只有虫子们才能演奏出来的！
（这个"感叹号"的教学主要是练习朗读）

三个问号

师：要表达内心的惊奇，其实还有一个标点符号，效果可能更出其不意，更强烈，你们觉得是哪一个？

生：问号。

师：这篇文章里有问号吗？

生：有。

师：读了这篇文章，你就会发现这篇文章的问句集中在第7、8段，画一画，共有几个问句？

生：一共有三句。

我的目光顺着僻静的小路探索，我看到"村民们"的劳动生活了。
（1）它们一队队不知道从什么地方来，一定是很远很远的地方吧？（2）现在它们归来了，每一个都用前肢推着大过身体两三倍的食物，行色匆匆地赶着路。是什么力量使它们这么勤勉地奔忙呢？（3）我完全迷惑了，在小虫子的脑海中，究竟蕴藏着多少智慧？我看见测气候者忙于观察气象，工程师忙于建筑设计……各种不同的工作，都有专门的虫子担任。

师：我们来分工读这两段话，读这三个问句。（分工朗读）

师：你觉得作者通过这三个问句在惊叹什么呢？概括地讲哦。

生：作者在惊叹虫子的勤勉。（书写"勤"字，学生很容易写错）

生：作者在惊叹虫子的智慧。

师：是啊，作者在惊叹虫子的勤勉、虫子的智慧，从哪里看出来的呢？读一读，想一想。

生：它们竟然用前肢推着大过身体两三倍的食物。

生：它们总是行色匆匆地在赶路。

生：它们不远"千里"从其他地方回来。

师：其实从蒋老师推荐的这三篇文章里你也能感受到虫子的勤勉。

生：在《走向虫子》里我看到蜣螂、蚂蚁等都会搬运比它们身体大十几二十倍的食物，而且不愿意接受别人的帮助。

生：《我的邻居胡蜂》整篇文章都在写胡蜂怎么辛劳地工作，几乎一刻不停。

……

师：你们肯定知道我下面要问：你从哪里看出虫子很智慧呢？

生：它们分工明确啊。

生：它们有的像测气候者一样会观察气象，有的像工程师一样会建筑设计。

师：是的，甲虫的勤勉与智慧，让作者感到震撼，震撼到难以置信，所以，在文章里，作者用一连串问句来表达。我们通过朗读来体会。

（练习朗读）

师：这篇文章用感叹号和问号向小虫子致敬。然而，要表达自己内心的惊叹是不是一定要用感叹号和问号呢？建议大家回去再好好读读刘亮程、鲍尔吉·原野、苇岸的文章。

儿童诗这样教

我总觉得儿童诗还没有得到应有的重视。

我们天然地愿意接受让孩子们诵读唐诗、宋词、小古文，甚至诸子百家，而对难易适中、内容新鲜、富有童心童趣、节奏鲜明的童诗，却没有足够重视。三年前，我想到书店去搜集一些好的儿童诗，搜索全城，收获寥寥。后来只能求助图书馆，到儿童读本里，到学生杂志里去一首一首地积累。

还好我们的教材对儿童诗给予了应有的重视。现行各个版本的一二年级教材，儿童诗（包括儿歌）可以占到阅读篇目的40%左右。这种分量，终于吸引了一部分老师尤其是低段老师的注意力，他们开始思考怎么教儿童诗。

在讨论儿童诗怎么教之前，还是先想一想儿童诗的特点。明确了特点，教学才有针对性。就比如了解了论述性作品的特点，才知道读论述性作品，要侧重找共识、找主旨、找依据；了解了故事的特点，才知道读故事，要侧重找伏笔、找高潮、找巧合、找关键事件；了解了戏剧的特点，才知道读戏剧，要侧重找时间、找场景、找背景、找人物的主要语言。那么，儿童诗的特点是什么呢？

适合诵读。儿童诗是诗的一个分支，它首先是诗，是用富于感情、凝练、有韵律、分行的语言来表情达意的。我们来看看人教版新课标语文三年级上册《听听，秋的声音》的第一节："听听，秋的声音，大树抖抖手臂，'刷刷'，是黄叶道别的声音。"长短句里有鲜明的节奏；叠字和拟声词里，有韵律、强弱等音乐感。诵读这样的儿童诗，简单而充满乐趣。

与儿童生活接近。诵读韵文，对儿童而言，是一种乐趣。但吟诵一首不知所云的韵文，是不能提升他们对文字的兴趣的，所以我们需要在诗歌中加入他们熟知的生活。儿童诗与成人诗歌的最大区别，是诗人很好地掌握了儿童的身心特点，在诗歌中表现了儿童的生活。例如林焕彰的《影子》："影子在前，影子在后，影子常常跟着我，就像一条小黑狗。//影子在左，影子在右，影子常常陪着我，它是我的好朋友。"写的就是孩子眼睛里的奇妙场景，这种场景，大人未必还有好奇心和闲情逸致去关注，但却是孩童世界的重点，这样的诗势必会引起孩子的关注的。

语言简单却精粹。儿童对文字的认知尚在初始阶段，因此我们不能否认儿童在阅读及吟诵时，对那些拗口的词语、句式会感到惶然不知所措。因此，儿童诗的作者不能不考虑文字对儿童的陌生感和这陌生感带给他们的事实上的阅读障碍。这就给儿童诗人提出了巨大的挑战，他们在创作儿童诗的时候会尽量避免出现生僻词语，也不追求词的另类活用，他们追求的是让一些常用词语通过妥帖、巧妙地安放焕发出诗意。例如"小小竹排画中游"中的"游"、"小鸡画竹叶"中的"画"、"枫林举起火红的旗帜"中的"举"、"风摇绿了树的枝条"中的"摇绿"。

比较"雅致"，富于情趣。有人可能会说，你前面说的"语言富有节奏感""描写儿童生活""语言精粹"这些特点儿歌也具有。那么，儿歌和儿童诗的区别在哪里呢？儿歌的主要来源是民间传承，儿歌以记事、状物、逗乐为主要内容，比较通俗，主要供学龄前的孩子吟唱，是初级的、入门的。儿童诗则主要是诗人创作的，相对比较"雅致"，以情趣、意境的表现为主，不是实用的，而是想象的，表现的艺术程度较深。例如一年级《鞋》这首儿童诗，取鞋和船形状的相像，以一种比喻的手法，写出了家这个港湾的温馨。

说句实话，我们平时的儿童诗教学程序过于分明：先解题，再释词，接着了解内容，最后练习。三眼一板，缺少变化。我们平时的儿童诗教学也过于理性，孩子对诗的欣赏是老师过度干预的指令性欣赏，我们常常让孩子用解剖的目光对儿童诗做理性分析，我们太喜欢揭示诗歌的"道理"。现在，我们大致把握了儿童诗的主要特点，就可以思考怎样来教儿童诗。我们的儿童诗教学的方向肯定是指向语言、儿童生活、情趣。我们的儿童诗教学可以从三个角度切入。

以读为重心的诗教

前面说过，儿童诗是适合诵读的，教材里的儿童诗，短的，三五句话；长的，也就十几行百来个字。这些诗读起来有的如心中絮语，有的像穿涧山泉，有的似抒情小曲，错落有致。所以朗读是诗教的首选。古代的语文教学，私塾先生要求学生一股脑儿地诵读背书，尽管我对这种不求甚解的"一读到底"不是完全认同，但它的功劳，亦不可抹杀。所以在没想到更好的办法以前，你就索性让学生读，让学生大声读出来，读出那一种节奏，读出那一点韵味。儿童诗要多朗读的第二个原因是：诵读本身有它的作用，朗声而读是一种全身运动，目视其文，口发其声，耳闻其音，意会其理，心通其情，是一种调动耳、目、嘴、脑等各种感官的活跃的全身运动，它可以使记忆更持久，也能帮助学生理解诗意，体会情感，感受意境。

当然，有老师已经开始关注怎样帮助孩子更好地诵读。怎样帮助？一是感受儿童诗的音乐美。还是以《听听，秋的声音》（见附1）为例，这首诗长短句相结合，双声词、叠音词频繁使用，关键词语反复出现，in韵一押到底。我们在指导朗读的时候未必要点明这些文学概念，但是我们需要指导孩子通过顿歇、轻重、快慢、高低的处理，读出整首诗歌的节奏、音调、韵律。二是契合儿童诗的心境。诵读儿童诗不能只是通过朗读技巧来推动，重要的是"让学生的心灵与感受和诗人遇合"。读《听听，秋的声音》，读到"秋叶刷刷""蟋蟀嚁嚁""庄稼歌吟"的时候，我们可以问："你听到了吗？有什么感觉？"读到"秋的声音，在每一片叶子里，在每一朵小花上，在每一滴汗水里，在每一颗绽开的谷粒里"的时候，我们让学生联想："在哪些地方还可以听到秋的声音？"总之，我们在读诗的时候，可以让学生回忆，可以让学生想象，可以让学生移情，我们老师在课堂上所有的努力都是为了让孩子的体验和诗人的情感交织在一起。孩子在有感受、有体验之后再朗读，味道会完全不一样，他们会由内而外喜欢上朗读，因为他们发现朗读实际上是在读自己——自己的生活、自己的情感、自己的想象、自己的世界。

以理解为重心的诗教

儿童诗追求浅白、通俗，但这种追求是相对于成人诗歌而言的。与一般的记叙文章相比较，儿童诗里还是有很多精妙的结构、用词，很多细腻的情感，很多丰富的意境的，读诗仍是一个微妙、难以定义的过程。

为了让学生更直接、更明确地看到我们的阅读思维，我们可以考虑尝试"大声思考"。所谓"大声思考"，就是把原本无声的、快速的、复杂微妙的思考，放声说出来。这是一种向学生做直接、明确的童诗阅读示范的方式。下面这段话是我带领五年级学生读狄金森的《没有一艘船能像一本书》时所做的一段"大声思考"。

美国诗人狄金森在《没有一艘船能像一本书》这首诗里用了很多比喻。关于书的比喻实在太多了，我想起了之前看到过的许多比喻：有人把书比作海洋——博大精深的海洋；有人把书比作灯塔——透过云雾，引领方向的灯塔；还有人把书比作太阳——像太阳一样能把全世界照亮。狄金森有没有这样比喻呢？没有。如果她这样比喻，那么这首诗就是一首很一般的诗了，因为好诗要写出独特的想象和比喻。去看看狄金森在这首诗里把书比作了什么——她把书比作了船、骏马，还有路，这真是很新鲜的比喻。那么，狄金森是不是为了追求新奇在胡乱比喻呢？应该不是。那她为什么要这样比喻呢？我要想一想，要找到答案，我最好把诗歌再读读，回到诗歌当中去。读得多了，我发现船、骏马、路这些事物是有共同点的，它们都是可以把人带向远方的：船，把人运向远方；骏马，把人载向远方；路呢，人们走着它通向远方。在诗人眼里，书也是可以把人带向远方的，很远很远的地方，远得不敢想象。能想到这一点，我为自己感到高兴，看来读诗有时要学会比较思考。有相同的地方，那有没有不同的地方呢？继续想，我发现了书和船、书和骏马、书和路完全不同的地方。不同在哪里呢？在这些事物当中，书是门槛最低的，就像诗里所说的"这条路最穷的人也能走，不必为通行税伤神"。这让我想起了自己小时候，尽管家里条件不好，但只要我想买书，妈妈总是会想办法满足。我还发现了另一个不同之处：船、骏马和路，只能把人的身体带向远方，而书能把人的灵魂带向远方。所以，没有一艘船能像一本书，没有一匹骏马能像一本书，也没有一条路能像一本书。我终于明白了这首诗的意思。

这段"大声思考"示范了整个读诗的过程，实际上这是一次经验分享，一次融合了个人理解、感受、体验的经验分享。有人会觉得"大声思考"像"满堂灌"，因为两者的呈现形式很接近，但接近的也只是呈现形式。"满堂灌"重在让学生关注并记住诗歌的精妙之处，喜欢直接宣讲答案；而"大声思考"重在示范阅读策略，会有很多展示思考过程的连接语，例如"关于书的比喻实在太多了，我想起了之前看到过的许多比喻……"，例如"能想到这一点，我为自己感到高兴，看来读诗有时要学会比较思考"，例如"为什么要这样比喻呢？我要想一想，要找到答案，我最好把诗歌再读读，回到诗歌当中去……"，这些连接语凸显了许多带有共性的儿童诗阅读策略，如连接已有知识、比较、重读、联想等。好的"大声思考"需要用上这样的连接语（见附4）。当然，"大声思考"并不能作为一种常态的儿童诗教学方法，不能高频率使用。但是，"大声思考"内含的理念可以迁移到任何一种"指向理解"的教学方法：（1）教师要乐于、勇于和学生分享自己的读诗经验，暂时放掉教学的枷锁，单从一个读者的立场去回应读童诗的感受，而不再依赖专家的解说与指导。（2）对学生的理解与体验，要多倾听，要多说"说来听听"。诗无达诂，不要经常做"对与错"的评判。（3）要随时在讨论交流中抓取、强化一些诗的阅读策略，帮助学生以后更好地理解新诗。如"你说得真好，你能从这首诗联想到自己的生活"，又如"他发现这个字很特别，然后就在心里问自己作者为什么要用这个字。这种读诗的方法特别好"。（4）到了高年级，师生交流中甚至可以出现一些文学概念、一些"高级语汇"，例如意象、象征、朦胧、粗犷、细腻、幽默、简洁、深沉、阳刚、婉约……经常出现这些词有助于我们体会、表达复杂多元的读诗感受。

以写为重心的诗教

诗人詹冰说："儿童诗就是儿童看得懂的诗。"确实，儿童诗总体上拒绝生僻、艳美、另类的用词，偏爱通俗、朴实的常用高频词语；儿童诗总体上回避成人世界、复杂情感，偏爱以儿童为中心的生理、心理生活；儿童诗总体上排斥虚幻、玄妙、朦胧的意象，偏爱具体、直观、可视可感的文学形象。正因为有这些特点，很多老师偏爱让学生读完一首诗后也尝试去"创作"。与创作古诗词相比较，创作儿童诗是那个跳一跳就能够着的"桃子"。那么，这种以写为重心的诗教要注意什么呢？我们先来看看两个教学设计。

《四天做一年》（见附2）儿童诗写作教学

1. 先仿写诗人的诗句，以春夏秋冬为创作对象，保留每段的第一句和第四句，以及最后一段。

2. 想一想除了脚，还可以利用身体的哪些部位来写诗？例如眼睛、头发、手指等，选一个来练习。

3. 想一想经常放在一起使用或组合的事物，例如星期一到星期日，铅笔、橡皮、垫板，筷子、汤匙、碗等。再想一想，每样东西的特色可以怎么说，例如"星期一，我喜欢你（或我讨厌你）"。

4. 创作一首新诗，自己念一念，感觉一下声音、节奏是不是很顺畅，再大声地念给同学听，请同学提出修改建议。

《花一把》（见附3）儿童诗写作教学

1. 选出几种自己喜欢的颜色，说说在这些颜色中自己最喜欢什么颜色，将这些颜色按自己喜欢的程度排列。

2. 模仿诗人的诗句，把自己对不同颜色的喜爱写成一首诗。想一想：对自己喜欢的颜色，可以怎样来形容？当然可以学习诗人，用"好看"来说明。再想一想：还有什么样的词语可以更恰当地形容自己最喜欢的颜色？例如漂亮、美丽、大方……

3．挑两种喜欢的颜色使用同样的句型，读起来会有强化的意味。例如：黄色，好看；黑色，好看。

4．选择一种自己不太喜欢的颜色，以"还好"来接续。

5．再选一种自己不喜欢的颜色，说一说自己对这种颜色的看法，例如"就无趣了""就俗了""就不雅了""就沉重了"等。相对于前面三种颜色的描述，这个看法应是较为负面的。

6．最后，是整首诗的关键。以"除非"作为转折语，带出补救之道，完成这首诗。

7．在学生熟悉了这首诗的表现形式后，可以练习以具体实物（如苹果、雨、石头……）来创作诗歌。

我个人认为这是两个比较成熟、成功的童诗教学设计。至少有三点经验可供我们参考。

第一，不用回避教技巧。诗歌是凝练的、意象化的艺术，对小学生来说，学习诗歌是一种挑战，因此有必要让他们学习一些行之有效的方法。如果所选的童诗表达上很有特点，你就完全可以让学生借鉴、模仿。这两个教学设计都有模仿诗句的环节，我深以为然。

第二，在学生积聚了一定的创作方法后，千万不要框定他们的思维，要力求多变、新颖。这两个教学设计的主要环节都是通过启发引导、开展头脑风暴等方法帮助学生打开思路，提升他们思维的广度与深度。

第三，要鼓励学生联系自己的生活。没有丰富的生活经验，没有细腻的感受与深切的体验，是不可能写出好诗的。所以我们要通过问题、话题的讨论与分享让学生多回顾、联想、审视自己的生活。这两个教学设计，都在鼓励学生写自己身边的事物、自己喜欢的颜色等，特别注重写作内容与学生自己的联系。

行文至此，我们一直在讨论的是具体一首一首儿童诗是怎么教的。事实上，让孩子接受、喜欢儿童诗的时机弥散在整个语文课程体系里，而不仅仅是这一堂一堂课。为了孩子，为了诗歌，为了一种语言和文化的未来，我们可以在一些细小的方面努力。

1．我们每天可以利用一些边角料的时间，例如晨谈、午休、语文课的前5分钟、作业整理时间等，腾挪出5—10分钟的时间，进行读诗、写诗的活动。这样就会把诗的魔力一点点、一点点引进你的班级。

2．如果推荐诗可以配合不同的季节、天气、节日，甚至学生的心情，将会收获意想不到的效果。

3．只有教师自己表现出对童诗的喜好，才能影响到孩子，使其愿意去接触童诗。

4．我们可以开展"好诗诵读会"，好诗还是要大声朗读的，多阅读几遍或请孩子们大声朗读诗作，可以让他们有机会吸收、了解诗的语言及含义。

5．孩子们的作品要认真对待，可将作品公布在布告栏中或走廊上，也可制作成班级诗刊。

［附1］

听听，秋的声音

听听，

秋的声音，

大树抖抖手臂，

"刷刷"，

是黄叶道别的话音。

听听，

秋的声音，

蟋蟀振动翅膀，

"嚁嚁"，

是和阳台告别的歌韵。

一排排大雁追上白云，

撒下一阵暖暖的叮咛；

一阵阵秋风掠过田野，

送来一片丰收的歌吟。

听听，
走进秋，
走进这辽阔的音乐厅，
你好好地去听秋的声音。

秋的声音，
在每一片叶子里，
在每一朵小花上，
在每一滴汗水里，
在每一颗绽开的谷粒里。

听听，
秋的声音，
从远方匆匆地来，
向远方匆匆地去。
听听，
我们听到了秋的声音。

[附2]

四天做一年

/七星潭/

春天，我喜欢你
你的脚是花编的
你的脚印是紫色的
我喜欢

夏天，我喜欢你
你的脚是水泡的

你的脚印是老鼠的亲戚

我喜欢

秋天，我喜欢你

你的脚是叶子堆的

你的脚印随风游戏

我喜欢

冬天，我喜欢你

你的脚毛毛的

你的脚印在怀孕

我喜欢

春、夏、秋、冬，你们四天

走过来，走过去

好，就你们四天，做成一年

[附3]

花一把

/ 七星潭 /

花一朵好看。

花一山好看。

花一盆还好。

花一把就笨了！除非

你拿它去送人。

[附4]

"大声思考" 中的常用连接语

我觉得好奇怪，他为什么要这样写呢?

我之前看过这个字。

这一点儿都不合理。

我最好把这部分重读一遍。

难道这个问题不管了?

你知道那会让我想到……

我现在在想……

我的脑袋里出现了一个画面……

我要再读一次,我有一点搞不清楚……

我脑子里想到的是……

阅读者会做的事情之一,就是不断地思考……

我会把这个事件和发生在我身上的事情联系在一起……

课例:最后一句·诗

【文章】

1.《阳光》(林武宪)

2.《花一把》(七星潭)

3.《我是一支黑色的笔》(蒋军晶)

【课例呈现】

诗的最后一句总是很特别

阳 光
/林武宪/

阳光	在窗上	爬着
阳光	在花上	笑着
阳光	在溪上	流着
阳光	在妈妈的眼里	亮着

师：先来读一首诗，热热身。这首诗最后一句是哪一句？（生笑）

师：是不是觉得问题有些简单？那你说。

生：最后一句诗是"阳光 在妈妈的眼里 亮着"。（师反复确定）

师：这最后一句诗一定要放在最后吗？我把最后一句诗放在第二句行不行？

生：不行。（纷纷喊）

师：为什么？理由说来听听。

生：我觉得前三句都有共同点，都是讲阳光在哪里、干什么，最后一句表示妈妈的眼里是一派慈和，把妈妈眼里的慈和比喻成阳光。

师：我明白了，她的意思是前面三句和最后一句好像一样，又好像有点儿不一样。我想请教大家：最后一句与前面几句有什么不一样的地方呢？（生抢着举手）举手太快，我建议再想想。（生思考）

生：前三句指的是我们的眼睛都能看到的，最后一句指的是妈妈的爱里有阳光，阳光同时也是妈妈的爱。最后一句是点睛之笔，如果把它换到前面，整个顺序就乱了。（师生鼓掌）

师：你讲得太深刻了，太了不起了！她都讲成这样了，还有人举手吗？（生举手，全场笑声一片）

生：窗上、花上、溪上都是一种事物，而妈妈的眼里是不一样的。

师：她说到了这一点，你也强调这一点。可见，这一点已经到大家心里去了。

生：前面三个"阳光"是眼睛所能看到的，后面的"阳光"你要用心才能体会到。（全场鼓掌）

师：这只是个热身，我们继续读下一首诗。

在预测中感受最后一句的特别

师：我不会把一首诗一下子全部呈现给你看，我要一句一句地出示，这首诗的题目是"花一把"。（出示第一句诗）你看第一句：花一朵好看。跟我一起读。（生读）好看不好看？（生答"好看"）你看到啦？（生笑）我们再读一遍。（生齐读）好看不好看？

生：好看。

师：这不是塑料花，这不是我们摘下来的花，这朵花是你在路边、山上、公园里看到的一朵花。可惜蒋老师对花没有研究，很多花的名字都叫不出来，你叫得出来吗？你喜欢哪种花？说出名字来。

生：百合花。

师：百合花什么样子，你知道吗？

生：白色的，花瓣像月亮的形状。

师：我喜欢你这句"花瓣像月亮的形状"。

生：我喜欢梅花。

师：你知道梅花的样子吗？（生迟疑，边上的同学说"知道知道"，众笑）

生：梅花开在冬天，我们这边很少见到，但是我们可以在书上看到。

师：你说了半天还没有说到梅花的样子。（众笑）

生：粉红色的，一朵一朵。

师：看到样子了！你真正去看的话，你会看到山上、路边一朵一朵很美的花，但是我们写成诗的时候不需要加很多形容词，就那么简单一句话——"花一朵好看"。好看吧？

生：好看。（笑）

师：你觉得这句诗是不是这首诗的最后一句？（生摇头）为什么？

生：题目是"花一把"，可是这里只写到"花一朵"，我想诗人应该还要接下去写。

师：有道理吧？（生赞同）她根据题目来推测"花一把"还没出现呢。我们接着往下看。（出示第二句）

生：（读）花一山好看。

师：这样的景象没看到过的举手。（少数学生举手）你看到过满山的什么花？

生：满山的野花。（众笑）

师：这个回答真是万能的，永远不会错。（笑声不断）

生：满山的野花星星点点，就像夜空里的小星星。

生：我看到过漫山遍野的杜鹃花，在鹤顶山上。

师：（出示图片）你看这漫山遍野的杜鹃花，你看这油菜花多得把山都染黄了，你再看这满山一树一树的樱花。花一山好看吗？

生：好看。（生再读前两句，师出示第三句）

生：（读）花一盆还好。

师：你发现不同的地方了吗？

生：前面是"好看"，这一句是"还好"。

师：你从"还好"中可以感觉到什么？

生：比花一山、花一朵要差一点儿。

师：我觉得花一盆也挺好的，为什么你们会觉得差那么一点点呢？

生：因为花一朵、花一山都是在大自然中生长的，有大自然的芬芳，汲取了大自然的雨露，而花一盆是种植的。它们生长的地方不同，所以花一盆没有花一朵、花一山好看。

生：虽然花一朵、花一山、花一盆都是有生命的，但是花一朵、花一山是在很广阔的土地上生长的，它们有足够的空间，而花一盆是在有限的空间里生长的。（生鼓掌）

师：你看作者想表达你的意思，也想表达她的意思，但是他不说那么多话，他就是这样简单地写——"花一盆还好"。这是最后一句吗？（生摇头，师出示第四句）

生：（读）花一把就笨了！（众笑）

师：你是怎么体会的？

生：花摘下来一把，就感觉没有生命了。

生：花一朵、花一山是最好的，它们不仅有自己生存的空间，自己吸收大自然的精华，我感觉它们是自由的。花一盆被人类所养，然而，它们仍有生命，也比花一把要好看。花一把只能保持几天的美丽，过后就没有自己的生命了。花一把仅仅是让人欣赏现在的美丽，而没有考虑到后面，所以花一把就笨了！（掌声热烈）

师：你觉得这是最后一句吗？（生迟疑）

生：我觉得是最后一句了，因为从有生命、有自由到有生命、没有自由，最后到没有自由、没有生命。

师：认为写完的请举手？（少数学生举手）真的没写完——
（出示课件）

花一把

/七星潭/

花一朵好看。

花一山好看。

花一盆还好。

花一把就笨了！除非

———————————

师：除非什么呢？（生蠢蠢欲动）赶紧把本子拿出来，写下最后一句诗。（生书写）

师：全体起立！（生起立）尽管你们只写了一句诗，但是很重要。我把话筒递到一位同学面前，他念这句诗，其他人要判断：如果你觉得自己比他写得好，你就继续站着；如果你觉得他比你写得好，你就坐下。但是蒋老师很怕很怕，一位同学读完后，其他同学都坐下了，这样我会很尴尬很尴尬。（众笑）

生：除非——赠人，手有余香。

生：除非——它能无私地奉献出自己的香气，让一个病重的人露出微笑。

师：你们想的方向是一样的，一个引用了成语，一个写得具体点儿。

生：除非——让它回到大自然的怀抱。

师：唉，方向不一样了。

生：除非——花一把是奉献。

师：我的理解能力有限，是不是送人啊？

生：不是。有可能是把花奉献给春天，让春天有了美丽；或者是把花送给亲友，让亲友感到心灵的温暖。

师：有那么多想法，所以用"奉献"一词来表达。

生：除非——再扎一把花。（生笑）

师：这位同学走的是幽默路线。（笑声不绝）

师：有送人的，有回到大自然的，有重新再扎一把花的，还有——

生：除非—— 这是能给人带来快乐的、美丽的一把假花。（全场爆笑）

生：除非——送给妈妈。

师：短却有味道，来点儿掌声。（生鼓掌）

生：除非——你可以赋予它美丽的含义。

师：想不想看诗人是怎么写的？

生：想。

师：除非——你拿它去送人。（笑）

师：因为你等待了半天，所以你笑了。如果你将整首诗读完，你是不会笑的，不相信我读给大家听。（师读诗）有味道吗？（生自由读）

模仿着写出最后一句的特别

师：刚才我们感受的都是诗人写的。你们总觉得诗人写得比我们好，蒋老师豁出去了，写了一首类似于此诗、把最后一句写得很有创意的诗，但是我不会给你们看。我们一起来写一写，好不好？（生跃跃欲试）

（出示课件）

颜　色

（　　）好看。

（　　）好看。

（　　）还好。

（　　）就（　　）了！除非

（　　　　　　　）。

（生写诗）

生：红色好看。黄色好看。蓝色还好。白色就差了！除非，它代表纯洁与高雅，不表示有人去天堂。（众笑，掌声不断）

生：红色好看。绿色好看。灰色还好。黑色就差了！除非，在静谧的夜晚。（全场鼓掌）

生：黑色好看。白色好看。灰色还好。红色就假了！除非，它是妈妈给你的温暖。（掌声热烈）

创作最后一句诗

师：由于时间关系，我要出示我写的那首诗了。（生期待）因为前两首诗都是名家作品，最后一句已经很经典了，很难超越。而这首诗是老师写的，也没发表过。只要你写的确实有诗的味道，你的最后一句就是这首诗的最后一句。

（出示课件）

我是一支黑色的笔

我是一支黑色的笔。
我要把小妹妹的牙齿涂黑，
让她变成笑掉牙的老奶奶；
我要把红玫瑰涂成黑色，
让它以为自己中了剧毒；
我要把白天鹅的羽毛涂黑，
让它以为醒来变成了乌鸦。
但是但是，这些都算不了什么。
我最伟大的杰作，
是＿＿＿＿＿＿＿＿＿＿＿。

师：我最伟大的杰作，是——？是——？（师声音拖长，生按捺不住）
生：是——把雪花涂成黑色，让人以为它生病了。

生：是——把雨水涂成黑色，让人类意识到自己的错误。（掌声）

生：是——把青蛙的皮肤涂黑，让小蝌蚪能尽快找到妈妈。（掌声）

师：这就是真正的诗啊！

生：是——把夜空涂成黑色，给星星一个可以闪耀的舞台。

师：太棒了！这么好的创意让我一下子都没反应过来。

生：是——把办公室的电脑涂成黑色，让人以为这电脑坏了，黑屏了。（生笑）

师：很有现代感的一首诗。

生：是——把夏日的太阳涂成黑色，让大家以为凉爽来了。

师：这说出了我的心声。老师是怎么写的呢？

师：是——把天空涂成黑色，让爸爸妈妈老师们以为天还没亮，还可以继续安睡。（众笑）

生：好希望这样哦！（笑）

师：下课！

小说这样教

小说的叙事性决定了人物、情节、环境是小说的三个基本要素。既然是基本要素，当然就是小说教学目标的首选。

和孩子分享小说，定位要准确，要么分析人物形象，要么分析情节安排，要么分析环境渲染。当然，具体到一个小说片段，是分析人物形象还是情节安排，抑或是环境描写，则要具体分析。

在小学阶段，以分析人物形象居多。即使从文学的层面分析，人物也是小说的核心要素，情节和环境是为塑造人物服务的。小说有哪样的人物，就有哪样的情节和环境。读《"凤辣子"初见林黛玉》，就是要带领孩子们在阅读中感受"凤辣子"爱炫耀、会奉承的人物形象；读《香菱学诗》，就是要带领孩子们在阅读中感受香菱的聪慧、勤奋、坚持；读《景阳冈》，就是要带领孩子们在阅读中感受武松的倔强、勇猛、粗中有细；读《金钱的魔力》，就是要带领孩子们在阅读中感受店主的势利、见钱眼开；读《临死前的严监生》，就是要带领孩子们在阅读中感受严监生的吝啬……

在小学阶段，也时常分析故事情节。情节，可不是一味分析"起因、经过、结果"。读《临死前的严监生》，可以带领学生感受一下悬念加意外的搭配效果；读《桥》，可以带领学生感受一下既出人意料又在情理之中的结尾；读《别饿坏了那匹马》，可以带领学生了解一下伏笔怎么设置；读《景阳冈》，可以带领学生了解一下高潮怎么营造……

环境分析对小学生来说有点儿难，适合分析的小说也不多。读《桥》，我们可以让学生分析为什么作者用一半篇幅写当时的狂风暴雨，写洪水越来越大；读《鲁滨孙漂流记》，我们可以让学生分析当时荒岛的现实情况对情节发展的影响；读《林教头风雪山神庙》，我们可以让学生好好体会一下那经典的一笔环境描写——"那雪正下得紧"。到了初中、高中，可以赏析的环境描写越来越多。读《荷花淀》，我们可以让学生好好思考为什么一篇讲述抗日武装斗争的小说，开头如此详细地描写白洋淀地区美丽、恬静的水乡风光；鲁迅的《药》，开头写道"秋天的后半夜，月亮下去了，太阳还没有出，只剩下一片乌蓝的天；除了夜游的东西，什么都睡着"，这里的环境描写又有什么深意？……

如何感知人物

很多小说教学也在引导学生感受人物形象，但却很失败，为什么？因为它们都是主题先行，是老师的想法覆盖学生的想法。

有的老师上《"凤辣子"初见林黛玉》，往往先告诉或者变相告诉学生"凤辣子"是一个善于阿谀奉承、喜欢使权弄势、喜欢炫耀特权的女人。共识达成后，就是求证，让学生依据文本证明"凤辣子"的这些特点。这种演绎式的教学不能说毫无意义，但本质上它是接受式的阅读教学。由于主题先行，学生的"发现"只是为了印证这个主题，所以，孙悟空跳不出如来佛的手掌。这种做法不利于学生独立阅读能力的建构。

那么，什么样的教学可以比较好地引导孩子感受人物形象呢？

引导细读

细读什么？细读人物长相，细读人物语言，细读人物动作，细读人物神态，细读心理描写。读《"凤辣子"初见林黛玉》，不能简单化地得出一个概念化的词语——爱炫耀，而要引导学生到文字里、细节里去感受"凤辣子"的炫耀。文章通篇都是在讲她的炫耀。你看第一句，她笑着说："我来迟了。"迟到了就迟到了吧，应该悄没声儿才是，她却大喊大叫，这不是炫耀是什么？一到屋子里，别人都敛声屏气，她却放诞无礼，高声喧哗，无非是表明她的特别，这不是炫耀是什么？别人正常打扮，不显山露水，她却绫罗绸缎，一身珠光宝气，显得与众不同，这不是炫耀是什么？明明是对林黛玉说话，她却一屁股坐在贾母身边，贾母身边是能随便坐的吗？她把地位摆在那儿，这不是炫耀是什么？她在林黛玉面前承诺："要什么吃的，什么玩的，只管告诉我。丫头老婆们不好了，也只管告诉我。"一副说一不二的管事的架势，这不是炫耀是什么？

再看"凤辣子"的阿谀奉承：贾母伤心了，她立马就哭；贾母开心了，她立马转悲为喜。这说哭就哭、说笑就笑是一等溜须拍马的本事。所以，上这一课，就是要引领孩子们在人物的动作、神态、语言描写中感受"凤辣子"的人物形象。可是，大部分老师用教记叙文的套路来教此文：第一步，教生字词，让学生将难读的句子读通、读顺。第二步，分段，概括段落大意。第三步，提炼中心思想。这样教就不是小说的教法，小说的味道和精髓就给教没了。

利用误读

一切阅读都是"误读"，对小说的阅读感受没有绝对的对错之分。但是对小学生而言，很多误读是由一些明显的客观原因造成的，例如小学生自身阅读经验不足、由节选导致的明显的"断章取义"等。这样的"误读"就需要老师去引导，引导得好的话，就会成为深入了解小说人物的契机。例如，我在上《地震中的父与子》时，课前了解到很多学生认为其他孩子的父亲过早地放弃了拯救自己儿子的努力，他们对自己儿子爱得还不够深，有的学生甚至认为那些父亲是胆小懦弱的。特殊时刻正常的理性被误解为"贪生怕死"，这让我感到害怕，因为这种误解将会衍生出一种在我看来是畸形的价值观。于是，教学时我就引导孩子们围绕这一点进行讨论——其他父亲真的不爱自己的孩子吗？他们真的都是懦夫吗？这样的讨论同时促进了学生对小说主要人物——那位冒着生命危险执着拯救自己孩子的父亲的理解。再如《"凤辣子"初见林黛玉》，很多学生自己在阅读《红楼梦》的这个片段时，认为"凤辣子"是一个热情、关心他人的人。在这种不够全面的片段阅读中，学生很容易产生误读。这时我们可以正视学生的这种误读，甚至有针对性地追问："'凤辣子'真的是一个热情的人吗？"然后引导学生重新审视"凤辣子"的言行。

安排比较

为什么用"安排"这个词？因为这些比较往往是学生自己很难想到的。安排比较，比较什么呢？

可以比较人物的语言。例如，有老师上《将相和》这篇历史小说时，让学生比较廉颇和蔺相如说话有什么不同。不比不知道，一比真有嚼头。你看廉颇是怎么说话的："我廉颇攻无不克，战无不胜，立下许多大功。他蔺相如有什么能耐，就靠一张嘴，反而爬到我头上去了。我碰见他，得给他个下不了台！"你听那廉颇，开口就是"我"，"我"永远在前面，蔺相如永远在后面。而且称呼那蔺相如，其名都不愿呼，一口一个"他"，"他"，"他"，"他"，再说下去，"他妈的"都会出来，心不平气不和啊。而且"我"和"他"，是截然分开的，有"我"没"他"，有"他"没"我"，势不两立。而蔺相如说："秦王我都不怕，会怕廉将军吗？大家知道，秦王不敢进攻我们赵国，就因为武有廉颇，文有蔺相如。如果我们俩闹不和，就会削弱赵国的力量，秦国必然乘机来打我们。我所以避着廉将军，为的是我们赵国呀！"你再看这蔺相如，他开口就是"廉将军"，用的是尊称。"武有廉颇，文有蔺相如"，明明是并列关系，却也是廉颇在前，蔺相如在后。更关键的是，蔺相如的话里，"我们"是高频词语，他真是心地宽广，希望两人和谐相处，拧成一股绳儿。言为心声，比较人物的语言，可以让我们感受人物形象。

可以比较人物对待事情的一些表现。在《香菱学诗》中，你看林黛玉和薛宝钗各自的表现。林黛玉欣喜、热情，不断鼓励，而且愿意亲自教，还提供切实帮助。薛宝钗呢，讽刺、挖苦、旁观，不管不顾。在比较中，你可以感受到两个人物的不同。

	林黛玉的表现	薛宝钗的表现
拜师	黛玉笑道："……我虽不通，大略也还教得起你。"	宝钗往贾母处去了。

	林黛玉的表现	薛宝钗的表现
读诗	黛玉便将那作诗的要诀讲给她听，又借给她《王摩诘全集》等书。	宝钗见他这般苦心，只得随他去了。
写诗	黛玉笑道："意思却有，只是措词不雅。……再作一首，只管放开胆子去作。"	宝钗道："何苦自寻烦恼。……你本来呆头呆脑的，再添上这个，越发弄成个呆子了。"
改诗		宝钗笑道："这个人定要疯了！"

可以比较人物内心的想法。例如，《鲁滨孙漂流记》中有一张"坏处"与"好处"对照表。这是鲁滨孙的内心独白，比较它们，我们就可以发现鲁滨孙的知足安命，感受他面对困难时的乐观。今天我们像鲁滨孙那样孤身一人流落荒岛的可能性很小，但人生的道路上会遇到各种各样的困难，我们可以像他那样分析有利因素和不利因素，用乐观的态度去对待困难。

坏处		好处
我陷在一个可怕的荒岛上，没有重见天日的希望。	但他聊以自慰地想：	我还活着，没有像我同船的伙伴们一样，被水淹死。
我现在被剔出来，与世隔绝，困苦万状。		我也从全体船员中被剔出来，独免一死，上帝既然用神力把我从死亡里救出来，一定也会救我脱离这个境地。
我与人类隔绝，仿佛一个隐士。		我并未因为没有粮食，饿死在这不毛之地。
我没有衣服穿。		我是在一个热带气候里，即使有衣服，也穿不住。
我没有抵御野人和野兽袭击的防御力和手段。		我所流落的岛上，没有我在非洲看到的那种野兽。假使我在那里覆了舟，我又将怎样？
我没有人可以说话，也没有人来解除我的愁闷。		上帝却不可思议地把船送到海岸附近，使我可以从里面取出许多有用的东西，使我终身用之不尽。

如何聚焦情节

抓住情节进行教学，能使小说人物以最鲜明、最丰满、最具感染力的形象矗立在学生面前。

那么，如何抓住情节呢？常规套路无非是分段，概括段落大意；无非是起因、经过、结果，概括主要内容。初中似乎深入一点儿，分析情节的开端、发展、高潮、结局。

这样的情节分析，偶尔为之，当然可以。若每篇如此，形成套路，就会让学生对小说喜"看"恶"学"。

那么，怎样才能比较好地引导学生分析、把握小说情节呢？

聚焦情节中的不可思议

有些小说，情节比较夸张，是现实中不可能发生的。作家无非是想通过夸张的情节表达自己的想法。通过情节了解作者的想法是小说教学应该做的一件事。

例如小说《无字书图书馆》，有的孩子就反映看不懂，我就引导学生梳理出小说中不可思议的情节（如下表所示），然后共同讨论这些情节背后作者的想法，他们觉得收获很大。

情节	作者的想法
当书里的字被风刮走后，每个人都愁眉苦脸	人类需要知识，需要文化
一个女孩拿着书，带着微笑在飞翔	人会因书变得快乐、满足
男主角原来全身都是彩色的，后来没有书了，就变成黑白的了	没有知识、文化，生活、心灵变得灰暗
男主角从灰暗再次变成彩色	因为得到了知识、充满了希望，精神上得到了满足，又有了色彩
一个古老的书本濒临死亡，男主角想了很多办法都救不活，后来男主角看书，书复活了	一本书，只有有人读它，它才有生命，才有存在的价值

经常做这样的讨论，学生的小说阅读能力就会提升，尤其是读象征主义的小说时，他们就有阅读努力的方向。否则，读《少年派奇幻之旅》这样的小说或看这样的电影，就只是猎奇，只是看老虎和鲸鱼，流于表面，不得法门。

聚焦情节中的转折

很多小说都有一个转折点。《红楼梦》前半部写尽一个家族的奢侈、浮华，后半部写出一个家族的零落、衰败。《水浒传》前半部写众好汉上山聚义，勇斗官军；后半部写众好汉受招安，打方腊，渐次散场。儿童文学里，这样的小说也不少。例如《蓝色的海豚岛》的前半部，女主角一心想离开荒岛，离开这个只剩下她一个人的孤寂的荒岛；后半部，女主角却有心留在荒岛，留在这个只剩下她一个人的荒岛。教材里，这样的小说也有。例如《金钱的魔力》，前半篇，店员对顾客态度冷淡，冷嘲热讽；后半篇，店员对顾客态度热情，极尽谄媚。

这些转折点，不仅仅是一个转折，转折的背后是整部小说的核心。通过对转折的分析，可以读懂小说。

《岗丘的野狗》是日本动物小说作家椋鸠十创作的短篇小说。故事并不复杂。松吉是一个孤独的小孩，阿卡是一条寂寞的野狗。他们相互试探，艰难地、慢慢地建立起信任，成为相依为命的朋友。可是有一天，松吉竟然向阿卡投毒，阿卡死里逃生，再也不愿意回到松吉身边。小说的前半部让人高兴、开心，后半部让人伤心、难过。小说里究竟发生了什么事，让故事发生急转？

我和孩子们共同学习这篇小说的时候，让他们寻找这个故事的转折点。

（1）你觉得故事从哪个地方开始转折了？

（2）转折的标志性事件是什么？

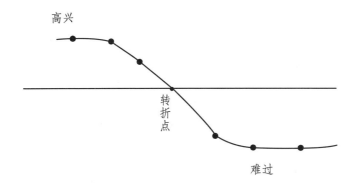

高兴

转折点

难过

　　故事的转折点，学生很快就找到了，就是村里的鸡丢失了，村里人都认为是阿卡干的，他们讨厌阿卡，他们要"除掉"阿卡。实际上，鸡是村里的无赖汉偷的。

　　光找到是不够的，我们还要聚焦转折，体会作品的深意。

　　我问学生：这个故事的转折点是村里的无赖汉引起的，请你想一想：如果没有这个无赖汉，松吉和阿卡将会永远幸福地生活在一起吗？

　　学生的讨论非常热烈，他们分成两派展开对话。

　　一部分学生说：如果没有这个无赖汉，松吉和阿卡会永远幸福地生活在一起。他们的理由很充分。有的说，如果没有意外事件，两人相处时间更久，感情会更深；有的说，世界就是由偶然组成的，人和狗的寿命并不长，在有限的时间里，运气好的话，就会平淡而幸福地度过一生。

　　一部分学生说：如果没有这个无赖汉，松吉和阿卡也不可能永远幸福地生活在一起。理由更多。有的说，即使没有这个无赖汉，村子里也会发生其他事情，大家都会把怀疑的目光投向阿卡，因为他们对它的偏见太深了；有的说，等阿卡到了成家的时候，和一只雌野狗结婚了，总得照顾妻儿吧，不可能总待在松吉身边；有的说，阿卡毕竟是一条野狗，或许有一天友情的温暖最终难敌自由的吸引，阿卡会独自一个人跑到深山里去……

　　围绕转折的讨论，把学生的理解引向小说的核心地带。

聚焦情节中的悬念与伏笔

文似看山不喜平。具有完整、生动曲折、波澜起伏的故事情节是入选中小学语文教材的绝大多数小说的共同特点，这些情节往往表现为峰回路转、曲折多姿、复沓回旋、跌宕有致等。它们往往扣人心弦，引人入胜，能使主题表现得更鲜明，人物刻画得更突出。

在《临死前的严监生》中，严监生临死前伸出两根手指，就是不肯咽气，作者吴敬梓安排了三批人物上场，他们就是猜不中严监生的意思。这时候，悬念就产生了，所有的读者在阅读过程中迅速做出各种猜测，但是最终的答案还是让人大感意外，一个人在临死前惦念的不是亲人，不是家产，竟是两茎灯草。我们在教学的时候，甚至可以先把小说的后半段隐去，用"不完全文本"的教学法，让学生猜测，把小说的悬念通过教学设计放大，让他们深切感受严监生的吝啬。

严监生	诸亲六眷的猜测	严监生的反应
两个指头	两个亲人	把头摇了两三摇
	两笔银子	把两眼睁的滴溜圆，把头又狠狠摇了几摇，越发指得紧了
	两位舅爷	把眼闭着摇头，那手只是指着不动
	两茎灯草	点一点头，把手垂下，登时就没了气

《临死前的严监生》中还有很多伏笔，什么伏笔？严监生是个有钱人的伏笔。如果我们把《儒林外史》中这个节选的片段看作一篇独立的小说的话，这篇小说的前面有很多细节表明严监生是一个有钱人。

生：奶妈称呼严监生为老爷。他是一个大家庭的老爷。

生：他的二侄儿问他："二叔，莫不是还有两笔银子在那里，不曾吩咐明白？"说明他已经吩咐了好几笔银子了。

生：他把管庄的家人都从乡里叫过来，说明严监生拥有一个庄园。

生：把医术很高明的人立刻请来，这在穷人家是做不到的。

寻找这些伏笔有意义吗？当然有意义，一个家财万贯的人临死前惦念的竟然是两茎灯草，这就不是节俭的概念了，这对理解人物有莫大的帮助。

小说里的感动

曹文轩的《小说门》写得极好，他在书里写道，古典形态的小说，无论是写实的还是浪漫的，若干年来都是孜孜不倦地做一篇文章：感动的文章。以前的小说理论基本是围绕"感动"这一核心单词而建立的，许多话题只是这一话题的旁出或延伸。当小说家们进入构思过程时，盘桓于心的一个问题是如何感动他人和后世，甚至是如何感动自己。情节设计、人物命运的安排、情感纠葛、环境布置……所有这一切，都围绕着感动而进行。因此，能否令人感动，便成为衡量小说成功与否的一个基本尺度。

当然，许多现代小说开始拒绝煽情，开始对情感进行节制。一些小说家甚至开始尝试"零度写作"，强调在写作过程中在情感上保持零度。以前小说中精心设计的情感戏，被一扫而光，代之而起的是对一些抽象的存在主题的强烈关注，情感问题已经不再属于构思的范畴。这些小说没有一丝想要在情感上打动你的心思，它们仅仅想引起你对形而上的问题的思索。它们的功用不在情感上，而只在理智上——不是满足人的情感需要，而只是满足人的求知欲。

然而，儿童文学里的小说、小学教材里的小说，以传统为主，里面的感动因素还是很多的。例如《金色的鱼钩》里的老红军，把找到的所有能吃的东西、把生的希望留给了小红军，自己倒在长征途中。例如《地震中的父与子》中的父亲，不顾众人劝阻，忍受了身体和心理上的巨大苦痛，在废墟中徒手挖了38个小时，最终救出了自己的孩子。读这些小说，我们被感动了，但我们并没有感到矫饰，那些感动都是正常的美学感动。

然而，很多时候，我们上完小说，学生是没有感动的，因为小说教学里的很多时间，我们都在做字词教学，在分段并概括段落大意，在提炼中心思想。这不能不说是小说教学的失败。

所以，我是赞同并欣赏一个老师在课堂上带领孩子们寻找"感动"的努力的。只不过，这种努力最好不要借助外在的手段，例如放音乐、视频，说过度煽情的串联语。最好还是引导孩子们回到文本中，回到字里行间去寻找感动。

小说与生活的联结

读书就是要联系生活，关注当下。有的人读《西游记》，是迫于任务，或者是为了装点门面，或者就是纯粹欣赏文学作品。有的人读《西游记》，会和自己、和生活、和当下结合起来。比如，有一位读者读了《西游记》后说，每个人都是"猪八戒"，每个人都有原始的欲望，都好吃懒做，都好色，尤其是男人，较之女人，男人的动物性本能似乎更明显。每个人都是"孙悟空"，儿童时代是自由自在、无拘无束的，想法是天马行空的，但随着年龄的增长，在社会化的过程中，外在的干预和约束越来越多，头上都戴上了"紧箍"。每个人也都是"唐僧"，因为受过"教育"，尤其是有了宗教信仰，就会自我克制，自我约束。这就是在联结方面做得比较出色的读者，他们会从别人的故事中想到自己，会用旁人的经验来指导自己的生活。

也可以从另外一个角度来理解，在联结方面做得比较出色的读者，会提醒自己去联系曾经的经历和见闻。例如，从这个故事联想到读过的其他相似的故事，从这个故事中的主人公联想到生活中见到过的相似的人，从这个故事联想到社会上的一些问题。他们往往这样提问：你有没有遭遇过和书里一样的情节？书中的人物和你生活中的哪个熟悉的人接近？在你看来，书里哪些部分最贴近现实生活？你有没有类似的经验？这本书会让你重新思考自己那段类似的经验吗？等等。

也就是说，好的小说教学，要善于提问，善于建构话题，通过问题和话题联结书本与生活。例如，一位老师和孩子们一起读完了《我要做好孩子》，他就和孩子们聊一聊究竟怎样的孩子算是"好孩子"。还有一位老师实在是非常有创意，他和孩子们聊了两年《西游记》，所聊话题均是从《西游记》的故事情节、人物境遇引申出来的生活话题。很明显，这样聊书的主要目标就是——这本书可以为我们带来什么启发，可以改变我们什么？下面十三堂《西游记》聊书课的话题都是联结生活类的，借鉴意义很大。

第一堂课：平凡好，还是不平凡好？

第二堂课：如何好好地生气

第三堂课：过程比结果更重要

第四堂课：诱惑并不可怕

第五堂课：只会哭是没有用的

第六堂课：道歉也需要艺术

第七堂课：关注你的拳头

第八堂课：说话不算话的后遗症

第九堂课：交换东西的分寸

第十堂课：小心有人骗你

第十一堂课：团结力量大

第十二堂课：被误会了怎么办

第十三堂课：课程回顾——我有了哪些改变

安徽的薛瑞萍老师上过教材里的《猴王出世》，在课的后半程，薛老师问道："如果你有机会当猴王，你愿意当猴王吗？"这就是联结生活类的问题，言下之意就是：如果有机会，你愿意当校长吗？你愿意当村长吗？你愿意当经理吗？你愿意成为人群的中心吗？很多学生竟然不愿意，因为他们觉得当猴王要有超出常人的努力，要足够勇敢，很多时候要把关心别人放在首位。薛老师紧接着问："不是每一个学生都有机会当王，我们很多时候是在选一个人当我们的王，如果你有机会选王，你愿意选怎样的人当你的王呢？"这个问题厉害啊，言下之意就是：如果有机会，你愿意选怎样的人当组长、班长、校长，甚至县长、市长、省长？

课例：比较，最实用的阅读策略

【文章】

1. 《桥》（谈歌，人教版新课标语文五年级下册课文）
2. 《"诺曼底"号遇难记》（雨果）
3. 《在柏林》（奥莱尔）
4. 《雪夜》（星新一）
5. 《窗》（泰格特）

【教学构想】

我一直很想上《桥》这篇课文，但又怕上。因为在我眼里，《桥》的教学价值与教学难点同样明显。

小说无非是教三个方面。哪三个方面？人物形象、环境渲染、情节设计。

先说《桥》的人物形象。《桥》讲了一个小山村的党支部书记在山洪暴发之际，沉着镇定，通过果断而威严的喊话让惊慌失措的群众平静下来，排成一队，通过窄桥的事。

再说《桥》的环境渲染。谈歌善用比喻，巧用拟人。"像泼。像倒"四个字、两句话，就把一场瓢泼大雨、倾盆大雨写得很传神、到位。例如"像一群受惊的野马"，这个比喻让我们感受到山洪的猛烈，野马桀骜难驯，一匹受惊的野马就要十几个大汉才能制服；一群受惊的野马，那一番横冲直撞、无法控制的场景跃然眼前。

再说《桥》的情节设计。《桥》的情节起伏跌宕，扣人心弦。尤其是结局，出人意料，震撼人心，但仔细一想，又合情合理。再回读前文，种种疑问，恍然大悟。《桥》的构思把小小说的魅力展现得淋漓尽致。

知道教什么了，那怎么教呢？

如果是单篇教学，无论是对人物形象的感受，还是对环境渲染的体验，抑或是对情节设计的发现，老师在引领上都需要花一些功夫。因为经常引了半天，学生仍是懵懵懂懂、糊里糊涂的，没有弄个水落石出。这样的课我听过多次。

然而，你把《桥》这篇文章和其他文章一比较，很多东西立马就清晰起来，不讲自明。让学生自己在阅读中有所发现，这不正是我们想追求的吗？

例如，把《桥》与法国作家雨果的《"诺曼底"号遇难记》放在一起，就会发现二者内容几乎一样。《"诺曼底"号遇难记》讲了一个游轮的船长在即将船毁人亡的危急时刻，冷静从容，发布明确而具有威慑力的命令让争先恐后的乘客有秩序逃生的事。当然，大同中有小异。《桥》中的老汉对村民说不排队就"退党"。《"诺曼底"号遇难记》中的船长说："哪个男人胆敢抢在女人前面，你就开枪打死他。"乍一看，哪个更有威慑力？当然是以死威胁了。于是，问题就来了，老汉并没有以死相逼，为什么会有那么大的威慑力？这个问题直指人物认识的核心。

很多语感好的孩子，在比较中还会发现《桥》的语言极其洗练，往往单词成句，单句成段，两个字、三个字、五个字……语句排列错落有致，富有节奏感。这种节奏感继承了唐诗、宋词、元曲的传统，又有创新。最难能可贵的是，《桥》的语言极具刚性，干脆利落、斩钉截铁，不拖沓、不阴柔，这在小学语文教材中是很少见的，这是读《"诺曼底"号遇难记》无法体会到的。

比较真是最实用的阅读策略，再拿几篇小小说和《桥》放在一起，你原来不太清楚的小小说的情节设计的特点就变得清晰、明显。

群文阅读的好处到底在哪里？就是不言自明，或者说老师少讲，让学生自己在阅读中发现。那么老师不是很轻松吗？不是，老师要辛苦在前，尤其是选文章这件事，有时会把老师累去半条命，其中甘苦，老师自知。

【课例呈现】

"我"读懂了什么

师：请你自由读课文，从头到尾，一字不落，边读边想：我读懂了什么？

(生朗读)

师：默读更便于思考。请你默读课文，边读边想：我读懂了什么？

(生默读)

师：你读懂了什么？

生：我知道了那天雨非常大，像泼、像倒。这是环境描写。

师：是的，这篇文章里的环境描写挺多。

生：我知道了村里的老汉是一个舍己为人的人。

师：哦，他在感受、分析老汉这个人，你还觉得他是一个怎样的人？

生：先人后己（以身作则、勇敢……）。

生：我觉得这篇文章的结尾很特别，我没想到那个小伙子是老汉的儿子。

……

第一次比较：研究环境描写

(比较、辨析环境描写的句子)

师：刚才有人提到环境描写。这篇文章很多地方写到了洪水，找一找，画一画。

(生默读，画句子)

① 黎明的时候，雨突然大了。像泼。像倒。

② 山洪咆哮着，像一群受惊的野马，从山谷里狂奔而来，势不可当。

③ 近一米高的洪水已经在路面上跳舞了。人们又疯了似的折回来。

④ 死亡在洪水的狞笑声中逼近。

⑤ 木桥前，没腿深的水里，站着他们的党支部书记，那个全村人都拥戴的老汉。

⑥ 水渐渐窜上来，放肆地舔着人们的腰。

⑦ 小伙子瞪了老汉一眼，站到了后面。

⑧ 老汉似乎要喊什么，猛然间，一个浪头也吞没了他。

⑨ 一片白茫茫的世界。

师：通过画句子，我们发现，这些描写洪水的句子分布在文章的各个部分。

师：这些句子写出了什么？

生：这些句子写出了当时的洪水很大。

生：这些句子都描写了洪水来临时的场面。

生：这些句子写出了洪水非常凶猛，当时情况非常危险。

师：这些句子都是在写洪水，把这些句子放在一起比较，你就会发现作者写洪水用了多种方法。

生：我发现作者用了拟人（的修辞手法），我最喜欢的是这一句——"死亡在洪水的狞笑声中逼近"，"狞笑"这个词写出了洪水到来时那种恐怖的感觉。"狞笑"是一种拟人的写法。

生：我发现作者还用了比喻的方法，例如，第一句"黎明的时候，雨突然大了。像泼。像倒"，就是把雨水比作从脸盆里倒下来的水。

生：我发现作者用了"对比"，例如，作者写洪水一会儿到了人的腿部，接着到了腰部，最后把人淹没，这是对比。

师：同学们发现作者用了不同的手法写出了洪水来势汹汹。你们再比较一下，看看有什么相似之处。

生：我发现它们的共同点是"句子都非常短"。

师：是的。我们来看第一句："黎明的时候，雨突然大了。像泼。像倒。""像泼。像倒"，两个字就成句子。我们完全可以把这两个句子写长一点儿。我们先把它们扩写成两个成语。

生：瓢泼大雨、倾盆大雨。

师：还可以扩展得更长一些，你看老舍先生是怎样写大雨来临的。"风过去了，只剩下直的雨道，扯天扯地地垂落，看不清一条条的，只是那么一片，一阵，地上射起无数的箭头，房屋上落下万千条瀑布。几分钟，天地已经分不开，空中的水往下倒，地上的水到处流，成了灰暗昏黄的，有时又白亮亮的，一个水世界。"

师：你看，一比较，我们就可以知道，即使同样写下雨，可以写得具体，也可以写得简洁；可以用长句，也可以用短句。《桥》的作者为什么选择这样的写法——单词成句，单句成段？

生：这可能是个人的偏好。

生：因为文章本身就不长。

生：这样写，让人读起来感觉很急迫、很紧张。

师：那我们串起来读读看，边读边感受。

第二次比较：研究小说的人物

（比较《桥》与《"诺曼底"号遇难记》的相似之处）

	《桥》	《"诺曼底"号遇难记》
情况危急	村子即将被淹没，只有一条出路	船即将沉没，只有一条救生艇
人群恐慌	村民极度恐慌、混乱	船员、乘客极度恐慌、混乱
英雄出现	村长以"退党"作为警告	船长以"死"作为警告
	村民排成一列，有序走上桥	众人排成一列，有序上救生艇
	村长和儿子被洪水淹没	船长葬身大海

师：小说读完了，大家有没有发现《"诺曼底"号遇难记》与《桥》这两篇文章的相同之处。

生：都描写了危险到来时周围的环境与气氛。

生：都用了一些意思相同的词语来表现当时人们的惊慌、恐惧。

……

师：通过比较，我们发现了《桥》和《"诺曼底"号遇难记》这两篇小说之间有许多相似点。但再比较，我们又能发现它们的一点不同。

生：《"诺曼底"号遇难记》中船长是以"死"告诫大家排队，而《桥》中老汉是用"退党"来警告大家的，我觉得船长的威慑力更大。

师：是啊，大家遇到的危险一样，大家的恐慌一样。然而，在《桥》里，村长并没有像《"诺曼底"号遇难记》里的船长那样以"死"相逼，只是以"退党"作为警告，村民却自动排成一队。村长的警告为什么有这么大的力量？

（生默读、批注）

生：文中写到"木桥前，没腿深的水里，站着他们的党支部书记，那个全村人都拥戴的老汉"，老汉是大家都拥戴的，说明平时他为村民做了不少好事，所以大家信任他，听从他的安排。

生："老汉清瘦的脸上淌着雨水。他不说话，盯着乱哄哄的人们。他像一座山。"老汉像一座山，这个比喻让我感觉到老汉当时很镇定、很坚定，给人一种安全感，也是一种威慑。

生：老汉很早就站在木桥前，以身作则，将自己的生死置之度外，老百姓也不是傻子，他们看在眼里。

生：老汉冷冷地说："可以退党，到我这儿报名。"这也是一种威胁。（一生嘀咕：退党那么可怕吗？总比死好。）

师：很好。对党员来说，退党是一种耻辱，只有违反了党的规定，犯了重大的过错，才会面临退党的威胁。因此，老汉的这句话无形中震慑着一批党员。

生：老汉让儿子排在队伍的最后面，这是最有说服力的。

……

师：你看，我们读小说，感受一个人物，就是要这样读，从文字中、从细节里去感受。

第三次比较：研究小说的结尾

（比较《桥》《雪夜》《在柏林》《窗》四篇文章表达上的相似之处）

师：《桥》《雪夜》《在柏林》《窗》四篇文章，内容完全不同，但写法上有相似之处，你发现了吗？

生：它们都有一个很特别的结局。

师：怎么特别呢？

生：结尾都出人意料。

师：小说是不是一定要这样写呢？再把这篇文章改一改。把句子中的"小伙子"改成"他儿子"，其他的不改变。

老汉突然冲上前，从队伍里揪出一个小伙子（他儿子），吼道："你还算是个党员吗？排到后面去！"老汉凶得像只豹子。

小伙子（他儿子）瞪了老汉一眼，站到了后面。

水，爬上了老汉的胸膛。最后，只剩下了他和小伙子（他儿子）。

小伙子（他儿子）推了老汉一把，说："你先走。"

老汉吼道："少废话，快走。"他用力把小伙子（他儿子）推上木桥。

师：这两个版本，你更喜欢哪一个？为什么？

生：喜欢课文的版本。文章最后才交代人物关系，让人感到很意外，非常吸引读者。

生：喜欢课文的版本。读到结尾时感觉很震撼。

生：喜欢课文的版本。过程中不写出父子俩的关系，突出了老汉把儿子当作一名普通的小伙子。

生：课文的结尾耐人寻味。

师：综合以上同学的讨论结果，我不得不明示这篇文章的体裁，这是一篇小小说，也可以说是微型小说。这种体裁的特点就是设置悬念、结局意外。（板书：小小说　微型小说　设置悬念　结局意外　耐人寻味）

师：今天，蒋老师还带来了一篇小小说，但去掉了结尾，大家通过阅读前面的内容，猜一猜小说的结尾。

（生投入猜测结尾的学习活动中，略）

总结：比较是一种很实用的阅读策略

师：比较是一种很实用的阅读策略。你看，今天我们通过比较，发现了环境描写的一些方法，更深入地了解了小说中的人物，也明确了小小说的一个重要的特点——结尾出人意料。

寓言这样教

寓言是最古老的文体之一。文学史家习惯把中国、古希腊和印度并称为世界寓言的三大发源地。

在俄国，有一个关于寓言的故事。一个裸体女郎求见国王，可是国王无论如何也不肯见她，还差点儿把她关进监狱，后来她穿上了寓言的外衣，国王高兴地接见了她。这女郎是谁？其实她就是真理，因为真理是赤裸裸的。赤裸的真理人们看了会觉得刺眼，需要将它包装起来，而这包装就是寓言。

寓言的故事讲得比较幽默、夸张，让人在愉悦中明白一些道理，比严格的条件下进行的道德教育积极有效。

但是，讲故事不是寓言的目的，通过讲故事来说教才是其根本目的。说教是寓言这个糖衣包裹着的药丸，糖衣只是吸引人，药丸才具有功效。谭达先先生说得稍微学术一点儿："在寓言中，教训性最为重要，故事性、趣味性次之。"

"说教"这个词，在现代语境中有贬义的味道，但寓言就是说教的。

寓言的这个特性，提醒我们在教学时要注意以下三点。

比较快地得出寓意

很多人批评一些教学帮助孩子得出寓意太快。他们批评的理由是：一味地让学生在教师安排好的直线思维槽中往前滑，显然是不利于学生的思维，特别是发散思维、逆向思维等能力的培养的。而我的想法恰恰相反。

大部分寓言，那个道理结尾明明白白写着，即使不明确写出来，也会假借故事中人物的嘴巴说出来。所以比较快地得出寓意，是很自然的一件事。本来寓言的作者就是先有道理，然后为这个道理量身定做，虚构、附会一个故事。一目了然的道理，刻意压着不让学生说出来，反而是挺可笑的一件事。

如果所教学的寓言只讲故事，没有明示道理（这类寓言蛮少的），学生读完故事后，一时摸不着头脑，看不出所以然，或者领悟多元，没有聚焦，老师就要想办法帮他们拎出那个主要的明显的寓意。这是对文体的尊重。什么文体都一味批判、发散，是让学生变成一个没有"阅读规则"的怀疑主义者。

但是，还是有人会强调说："如果过分强调挖掘它（故事）的思想内涵，并把其作为最重要的教学目的，则会在教学中产生强烈的教化冲动，从而使故事丧失固有的魅力。"

这话说得没错，所以还得补充说明一下。我说比较快地得出寓意，并不是一上来就问：这个寓言讲了一个什么道理？学生说不出来，就在黑板上抄一遍，然后让他们死记，让他们硬背。虽然寓意的出示要快，但优秀的老师还是会借助高明的问题减少教化的痕迹。

例如一位老师上《鹬蚌相争》，简单地梳理、复述了故事之后，就进入了寓意的揭示环节。这位老师问："如果没有渔翁，结局会怎样？"孩子们讨论后，认为即使没有渔翁，鹬和蚌如此相持下去，结局也好不到哪里去。然后老师再抛出："学到这儿，你懂得了什么道理？"学生的回答是"如果两个人产生矛盾的话，要有人让步"。这节《鹬蚌相争》，干净利落，没有过多的喧哗，没有活跃的表演，寓意的揭示自然、短平快。

寓意是比较明确的

在寓言的教学过程中，教师在最后一定会清楚地告诉学生这则寓言揭示了一个什么样的道理，它告诉我们做事情的时候应该怎样，等等。但是，现在的一些寓言教学，大有对寓言进行一番另类解读的趋势。例如：

有学生从《愚公移山》中读出了愚公缺乏经济头脑，认为挖山不如搬家。

有学生从《愚公移山》中读出了搬走大山破坏了生态平衡。

有学生从《揠苗助长》中读出了农夫的勤快。

有学生学习了《狐狸和乌鸦》后，不仅不同情被骗的乌鸦，反而会赞慕善骗的狐狸。

还有的孩子学了《狼和小羊》《会摇尾巴的狼》等寓言后，会崇拜大灰狼，觉得大灰狼有智商、聪明，善于运用计谋达到自己的目的等。

面对这样的情况，我们的教学姿态应该是怎样的？

有的人赞赏这样的教学，认为它注重学生多向、逆向思维的训练，学生的收获远远胜过学一篇寓言只明白一个寓意的教学。他们还举出了例子，美国品格教育联盟合作学校的一堂《灰姑娘》阅读课，通过老师的引导，学生读出了"守时"，读出了"整洁"，读出了"爱与偏爱"，读出了"朋友"，读出了"爱自己"等价值观。

我不欣赏这样的寓言教学。不欣赏的立足点还是文体。

诗歌、小说以及童话这些文体，我也主张多元解读。诗歌、小说、童话（尤其是现代童话），意蕴是很丰富的，不是固定不变的，学生参与的空间是非常广阔的。所以，美国的《灰姑娘》课例，我也非常欣赏。

但是寓言确实是很独特的文体，前面已经说了，寓言是道理在前、道理为先的，这个道理是"相对确定、为多数人所接受的共同诠释"，这个道理不是逼你"接受"，而是让你"知道"。

所以，寓言的教学，关键就是寓言故事的理解，寓意的揭示，寓言使用场合、适用场景的理解。

在教学中可以发挥的不是寓意的揭示环节，而是寓言使用场合、适用场景的理解环节。例如《扁鹊治病》，寓意就是"要善于听取别人的意见，否则后果不堪设想"，要聚焦，要清晰，要明确，不必鼓励多元解读。而到了寓言使用场合、适用场景的理解环节，老师则可以引导、点拨："在生活中你看到过扁鹊这样的人吗？难道这个道理只是对我们看病有启发吗？"通过这些问题，鼓励孩子们进行个性化理解。

得出寓意是有方法的

要揭示寓意，总不能老是非常直接地问：读了这则寓言，你懂得了什么道理？

教学寓言，揭示寓意，有三个基本的原则。第一，学生一读就知道的，就不要绕弯。第二，把学生引到故事的情境中来。第三，尽量让学生多说，教师少说。在这三个原则下，下面几种方法是比较常用的。

选择法

《守株待兔》这则寓言节选并改写自《韩非子·五蠹》，主要用于讽刺不经努力而想获得成功的人。

"你认为这篇寓言主要是想告诉我们什么道理呢？"在设计该问题的答案时，可以给学生提供五个待选项，分别如下。

1. 兔子自己撞到树上，就像我们有时候可以捡到钱，有时候运气好，可以不劳而获，但它不一定发生。

2. 天上掉馅饼的事情是不可能发生的。

3. 只有通过自己的劳动，才能有所收获，否则终将一无所获。

4. 种田人整天等兔子，最后一无所获，告诉我们要学会变通，不要死守陈规。

5. 种田人因等兔子没有做农活，告诉我们要合理安排自己的时间，兔子可以等，庄稼也要种。

以上五个选项不存在绝对的正确或错误，在这则寓言中均得到不同程度的反映。如第一个选项，实质是说明运气的偶然性；第五个选项，实质则是说明自身努力与运气的关系。但是，如果一定要从五个选项里选出一个的话，第三项是相对比较合理的。到底合理在什么地方，对二三年级的孩子很难讲清楚，通过选择比较，可以让他们有个直观的感受。

提问法

有人主张教学中不出现"问题"，这是"矫枉过正"。提问是以前、现在，也是将来最实用、最常态的一种教学方法。我们要思考的是怎样提高问题的质量。

抓住角色来问。古代民间寓言塑造了大量角色。主要角色有植物、一般动物、人、矿物、人工物、自然物等，大多数是通过隐喻形式来表现性格特征的。寓言中，不一定有很复杂的情节结构，也不一定有细致的心理描写和风景描绘，可是，角色却有鲜明、突出的性格特征。因此，分析人物形象，实际上就是在思考寓意。因此，我们在课堂上就可以问：你喜欢这个人物吗？你觉得这是一个怎样的人？课堂上应该有各抒己见、众说纷纭的过程，然后在老师的引导下，聚焦出一个共识。例如，《鹬蚌相争》里鹬和蚌的形象就是意气用事的形象，《守株待兔》里农民的形象就是不劳而获的形象，《自相矛盾》里卖矛盾的商人的形象就是思想片面者的形象，《愚公移山》里愚公的形象就是认识集体的劳动力量伟大的形象。在传统的寓言里，还有下面这些传统形象：自高自大者、撒谎者、故步自封者、喜欢别人吹捧的懒惰者、忘恩负义者、对敌人失去警惕性者、误信甜言蜜语者、言行不一致者、讳疾忌医者、虚心学习者、抱旧眼光者、有勇无谋者……

抓住情节来问。寓言的情节有大量巧合，巧合可以使故事"巧"而生"妙"，"巧"而生"趣"。寓言中还有大量夸张，有时夸张得近似于荒诞，有时夸张得近似于漫画。例如《鹬蚌相争》，细读之下漏洞频出：鹬被夹住嘴怎么说话呢？鹬真的没有其他办法对付蚌了吗？撞碎、甩脱可以吗？我们主张抓住情节来提问，不是问这些情节是否真实，寓言本身就是这样带有戏谑色彩的童话，写故事的人或许根本不在乎故事的漏洞。这种巧合和夸张一方面让人很清晰地认识到该则寓言的寓意及其所包含的道德教训；一方面又让读者觉得滑稽，带来可笑甚至可爱的让人心情愉悦的感受。

抓住情节来问，主要还是为了得出寓意，这类问题往往用"假如"引出。例如《赫耳墨斯和雕像者》，讲的是赫耳墨斯想知道他在人间受到多大的尊重，于是化作凡人，来到一个雕像者的店里。他看见宙斯的雕像，问道："值多少钱？"雕像者说："一个银元。"他又笑着问道："赫拉的雕像值多少钱？"雕像者说："还要贵一点。"后来，他看见自己的雕像，心想他身为神使，又是商人的庇护神，人们对他会更尊重一些，于是问道："这个值多少钱？"雕像者回答说："假如你买了那两个，这个算饶头，白送。"对这样一个故事，你可以问：赫耳墨斯来到店里，假如先问自己的雕像的价钱，结果会怎样呢？赫耳墨斯心里想知道的其实只是自己价值几何，那他为什么不一上来就问呢？这样的问题指向了寓意——赫耳墨斯爱慕虚荣，狂妄自大。

例如《鹰王和鼹鼠》，讲的是鹰王和鹰后搬迁时巧遇鼹鼠，鼹鼠警告它们"高大的橡树是不安全的，有倒掉的危险"，然而鹰王和鹰后不听。一次鹰王觅食归来，发现树倒了，鹰后连同小鹰都摔死了。你可以问：假如提出警告的是百兽之王老虎，结局会一样吗？这样的问题也指向了寓意——有的人就是轻视来自"下面"的忠告。

寓言教学可以做思维训练和哲学启蒙

启蒙时代的思想家、教育家卢梭认为："寓言会把纯朴的小孩教得复杂了，失去了天真，所以要不得。"他反对教孩子学寓言，认为寓言中有"坏心术"。

钱钟书先生则在《读〈伊索寓言〉》一文中说："寓言要不得，因为它把纯朴的小孩教得愈简单了，愈幼稚了，以为人事里是非的分别、善恶的果报，也像在禽兽中间一样公平清楚，长大了就会处处碰壁上当。"说白了，就是这个社会太复杂。

表面上看，这两种观点截然相反，其实都讲了一个事情——寓言所揭示的道理是明确、单一的，如果这些道理和做人的准则，没有消化透，将之简单移植到复杂的人事、社会中，就会有问题。

所以，寓言教学，要注意以下两点。

1．寓意揭示后，要和生活联结进行讨论。

例如，读了《狼来了》这个故事后，不能简单地告诫孩子"不要说谎"，直接把道理"硬塞"给他们，这样的"硬塞"是不可能触及他们的心灵的。如果他们对一套一套的道理，只是死记硬背，只是停留于表面的理解，不能真正与自己的生活相联系，这样的道理、这样的教学对他们的道德成长是没多大意义的。

因此，很多老师在教学寓言时，很注重联系生活。例如教学《揠苗助长》，有老师会问："这样傻的农夫，在现实生活中可能没有，但是像农夫这样的其他人、其他事有吗？"低年级的孩子可能会回答：给仙人掌多浇了水，它死了；给猪笼草多灌了一点儿营养液，它死了；给金鱼多喂了食，它撑死了。高年级的孩子可能会回答：孩子不争气，粗暴打骂他；给孩子报很多培训班……

2．采用群文阅读，人为创设出一个复杂一点儿的阅读情境。

这是一个多元共生、众声喧哗的时代与社会。不可否认，越来越多的成人、学者开始从不同的角度来解读寓言。例如，有人从社会学的角度出发，认为《龟兔赛跑》里隐藏了不公平的竞争机制。有人又指出："其实在学校的比赛中，狂妄的兔子很少那么懒惰，勤勉的乌龟也很少那么幸运。"有人读《狐狸和葡萄》，觉得像狐狸那样有点儿阿Q精神有时也是需要的。《狮子和鹿》说明实用的东西不一定漂亮，漂亮的东西不一定实用，有人读了之后觉得这则寓言暗含了外表美与心灵美对立的思想。

上面的例子说明了什么呢？说明寓言中的道理不是真理，不是逼你"接受"，而是让你"知道"。说明现在的人对道理有选择权了，可以接受，也可以质疑了。因此，寓言教学要与时代接轨。

但是，这并不表示，课堂上的寓言教学，可以引导孩子像成人、学者那样任意去解读。真正好的寓言教学，不是从一个故事里读出很多道理，而是用这个故事里的道理和其他故事里的道理去碰撞。

例如，将中国的《愚公移山》和美国的《明锣移山》放在一起，让学生辨析、讨论。《明锣移山》的故事是这样的：从前，有一个叫明锣的人，生活很幸福。可是他们家后面有一座大山，山挡住了阳光，所以他们种的菜总是长得瘦小苍白。有时山上还掉下来一些小石头，把他们的房顶都砸烂了。下雨的时候雨水滴滴答答地流进屋里来，把他们的地板都弄湿了。他的妻子叫他去找村子里的智者。他去找那个智者，那个智者说背上他们家的全部东西，跳"移山舞"：站定，闭目，开始跳舞，先把左脚放在右脚后面，再把右脚放在左脚后面，依次跳下去……学生在两则夸张的寓言里看到了相同的结局，但看到了不同的思维方式。

例如，在不同版本的《龟兔赛跑》中，有时乌龟赢，有时兔子赢，获胜原因不一。可以借助具体可感的形象，让学生一步步地进行分析、判断、推论，把思维引向深刻。

不同版本	获胜者	获胜原因
《龟兔赛跑》（《伊索寓言》）	乌龟	兔子骄傲轻敌，在路上睡觉
《兔子和乌龟第二次赛跑》（罗丹）	兔子	兔子吸取教训，一路向前狂奔
《龟兔赛跑》（拉封丹）	乌龟	兔子过于自信，没有及时出发
《龟兔赛跑》（哈里斯）	泥龟	乌龟耍了"计谋"

课例：统整信息，归纳寓意

【文章】

1. 《南辕北辙》
2. 《畏影恶迹》
3. 《郑人避暑》
4. 《强取人衣》
5. 《金钩桂饵》

【教学目标】

1. 认识寓言文体的特色，理解文章内容大意。

2．评价角色的性格和行为，分析角色的形象。

3．统整寓言故事中的信息，归纳寓意，初步掌握阅读寓言的方法。

【课例呈现】

寓言长着一张不一样的脸

（阅读文章）

南辕北辙（课内）

从前有一个人，坐着马车在大路上飞跑。

他的朋友看见了，叫住他问："你上哪儿去呀！"

他回答说："到楚国去。"

朋友很奇怪，提醒他说："楚国在南边，你怎么往北走呀？"

他说："没关系，我的马跑得快。"

朋友说："马跑得越快，离楚国不是越远了吗？"

他说："没关系，我的车夫是个好把式！"

朋友摇摇头，说："那你哪一天才能到楚国呀！"

他说："没关系，不怕时间久，我带的盘缠多。"

楚国在南边，他硬要往北边走。他的马越好，赶车的本领越大，盘缠带得越多，走得越远，就越到不了楚国。

畏影恶迹（课外）

有一个人害怕自己的影子，厌恶自己的脚印。他飞快地跑起来，想摆脱掉影子和脚印。可是他抬起腿的次数越多，留下的脚印就越多；他跑得越快，影子就跟得越紧。他认为这是自己跑得太慢的缘故，就拼命地跑个不停，最后筋疲力尽，累死了。

这个人不知道他停在背阴的地方就可以让影子消失，静止不动就不会有脚印，他最后筋疲力尽而死，实在是太愚蠢了啊！

（阅读学习单）

探究寓言的文体特点

请读熟寓言《南辕北辙》和《畏影恶迹》，读完后想一想：它们与我们以前学过的课文有什么不一样？请用词语表达出寓言的特点，写在下面的方格内。

字数较少			

师：请挑选一个你填写在学习单上的词语，来谈谈你的感受。

生：我填写的是"字数少"，因为这两篇寓言的字数加起来，还不抵以前的一篇文章。

师：这就是寓言的特点：简短。（板书：行文简短）

生："故事简单"是我对这两则寓言的感受。它们没有很复杂的故事，一下子就把故事讲完了。我不用三分钟就把它们读完了。

师：你的发现其实是关于寓言的故事情节的，"简单"这个词语用得非常好。（板书：情节简单）

生：寓言描写中很少有长句子，都是很精练的语言。

师：对，寓言的语言都是很精练的。自春秋、战国时期一直到现代，人们在口耳相传中产生了很多经典的寓言。语言精练，是它的又一个特点。（板书：语言精练）

师：你们再读读这两则寓言的结尾，你又有什么发现？

生：我发现寓言的结尾对这个故事中人物的言行进行了评论，能让读者明白一个深刻的道理。

师：这个发现非常重要，这是寓言最重要的特点之一，就是用假托的故事来说明某个道理。这个道理，有时会在结尾直白地写出来；有时隐含在故事里，要读者自己去领悟。（板书：富有哲理）

从关注独特的言行到寓意

（阅读学习单）

从言行中探原因

阅读《南辕北辙》和《畏影恶迹》，寻找人物独特的言行，分析其令你感到可笑的原因。

题目	独特的言行	令人觉得可笑的原因
南辕北辙		
畏影恶迹		

分析令人感到可笑的表层原因

师：我们先来聚焦寓言《南辕北辙》中的人物，听他说的话，你为什么觉得这个人物很可笑？

生：他老爱说"没关系"，其实他说的"没关系"越多，他的"有关系"越麻烦。

生：他不爱听人劝，非常固执，除了爱说"没关系"之外，还爱说"我的××"，他太自以为是了。

生：他只注重结果，可是要知道开始时的目标也很重要。他去了一个和自己原先设定的目标相反的方向，令人感到可笑。

师：综合大家刚才的发言，关于《南辕北辙》中的这个人物，我们之所以觉得可笑，是因为他很固执，老不听劝，总以为自己是对的。大家在分析原因的时候，有一点做得很好，都是围绕人物独特的语言来统整信息思考的。

师：我们接下来讨论《畏影恶迹》，请围绕人物的动作来讨论。

生：《畏影恶迹》中的那个人可笑是因为他想摆脱掉影子和脚印，不去避开光源，只是一味地"飞快地跑起来"，这是根本没有用的。

生：他失败之后，没有找出真正失败的原因，反而在"飞快"的基础上"拼命"地跑。他的性格有点儿像《南辕北辙》中的那个人，他们都是盲目地自以为是，导致可笑的下场。

师：寓言的语言很简练，你们能准确地抓住描写人物动作的重点词语来分析，这个阅读方法非常好。

揣摩"可笑"背后的深层寓意

师：在课的开始，我们说到有些寓言在讲完一个故事后，在结尾会有对这个故事的评论。下面我们仔细地读一读《南辕北辙》和《畏影恶迹》的结尾部分，想一想：两则寓言分别说明了怎样的道理？

（生围绕学习单进行阅读）

师：我们来交流你体会到的寓意。先来交流《南辕北辙》的。

（出示三份学习单上写的寓意）

1. 告诉我们不要做固执己见的人。

2. 告诉我们要多听别人的意见，及时改正自己的错误行为。

3. 告诉我们做事情要有正确的方向和目标，行动和方向要一致，不要偏离。

师：这是三位同学根据故事的结尾提炼出的寓意。你觉得哪位同学归纳得准确？为什么？

生：我认为第三位同学概括得较准确。因为结尾写道："楚国在南边，他硬要往北边走。"南边是正确的方向，《南辕北辙》中人物的行动和方向相反。所以它告诉我们行动和方向要一致。

生：我也觉得第三位同学概括得准确。因为第一位同学写的是人物的性格，所要说明的道理没有写出来；第二位同学概括的有点儿偏，与结尾强调的内容没有关联。

师：我们在揭示寓言所要阐明的道理的时候，可以从结尾的段落中统整信息，加以分析。这样，寓意的概括相对来说会更准确。

（生修改《南辕北辙》的寓意，修改完后，概括《畏影恶迹》的寓意）

（展示学习单）

《畏影恶迹》结尾		寓 意
这个人不知道他停在背阴的地方就可以让影子消失，静止不动就不会有脚印，他最后筋疲力尽而死，实在是太愚蠢了啊！	→	告诉我们做事要学会探究事物产生的原因，不要盲目行事。

师：两则寓言对人物的刻画，都运用了夸张的手法。运用这种手法创作的寓言，文笔犀利，含蓄幽默，如同笑话一般，寓教于"乐"。我们在阅读时，要用心体会，提高自己的阅读能力。

那些"隐身"的寓意如何提炼

（阅读文章）

郑人避暑

在夏天特别炎热的时候，有位郑国人看到有一棵树，就将卧席放在树下，坐着乘凉。

太阳在天空中移动，树荫也在地上移动，这个郑国人也挪动着自己的卧席随着树荫而移动。

到了傍晚，郑国人又把卧席放到大树底下。月亮在天空中走着，树荫也在地上移动，郑国人又挪动着自己的卧席，随着树荫移动。结果他的身体被露水打湿了。

树荫越移越远，郑国人被露水打湿得越来越厉害。

这位郑国人白天在树荫下乘凉的方法很巧妙，但晚上他也用同样的办法来乘凉，就显得太笨拙了。

强取人衣

宋国有个名叫澄子的人丢了一件黑色的衣服，就到大路上去找。

澄子看到一个妇人穿着一件黑色的衣服，就跑过去拉着衣服不放手，想把衣服抢过来。妇人吓了一大跳，连忙问："你要干吗？"

澄子大声说："刚才我丢了一件黑色的衣服。"

妇人说："虽然你丢了一件黑衣服，但这一件确实是我的衣服啊。"

澄子越发不讲理了，他说："你还是赶快把身上的衣服给我吧！我丢的那件是用绸布做的有里子的夹衣，而你穿的这件不过是单衣。拿一件单衣换一件夹衣，这不是便宜你了吗？"

金钩桂饵

鲁国有一个爱好钓鱼的人，他用名贵的香料——肉桂做鱼饵，用黄金锻造成精美的鱼钩，并在鱼钩上镶嵌了银丝和青绿色的美玉，还把珍贵的翡翠鸟的羽毛挂在钩绳上做装饰。

他手持钓竿的姿势和钓鱼的位置都很适当，但是一天下来，他钓上来的鱼却没有几条，有时甚至空手而归。

（阅读学习单）

"隐身"的寓意，你能"看"到吗

有些寓言，在结尾丝毫找不到评论，寓意是"隐身"的，这就需要你运用关注言行的方法，去统整、分析出寓意。

请阅读《郑人避暑》《强取人衣》《金钩桂饵》，从人物的言行中归纳出寓意来。

题目	独特的言行	寓意
郑人避暑		
强取人衣		
金钩桂饵		

师：你觉得最难归纳出寓意的是哪一篇寓言？

生：我觉得是第一篇《郑人避暑》。好像寓意有那么一丁点儿清楚，但又说不明白。

师：跟这位同学一样有困难的，举手！

（有半数以上的学生举手了）

师：没举手的同学来说说看，你是怎样抓住言行来体会《郑人避暑》的寓意的？

生：我重点阅读了"这位郑国人白天在树荫下乘凉的方法很巧妙，但晚上他也用同样的办法来乘凉，就显得太笨拙了"这部分，这里用了"同样的办法"，指出了郑国人愚蠢的行为。我可以用一个成语——墨守成规来表达。所以，我归纳出的寓意是："告诫人们不能拿一成不变的方法来应对变化不定的情况，墨守成规终究会身受其害。"

师：原来言行描写中，有一些重点词语有牵一发而动全身的效果。这是一种很关键的分析能力，希望同学们能边学边用。

提供寓意，补写结尾

师：下面我们会提供每篇寓言的寓意，请你根据寓意补写寓言故事的结尾。请注意，时刻要关注寓意与结尾之间的关联性、一致性。

（阅读学习单）

要求：用语言对话的形式，补写结尾	要求：用评论的方式，补写结尾
驯鸭猎兔	**引婴投江**
从前，有个人想去打猎，但他不认识打猎用的鹰——鹘鸟，就买了一只野鸭，带着野鸭去林子里打猎。 走着走着，田野里突然蹿出一只野兔来。猎人就把买来的野鸭抛向野兔，让它去追捕野兔。但野鸭根本飞不起来，落到地上了。这个人又抓起野鸭扔向兔子，野鸭又掉落到地上。这样一连抛了三四回。野鸭摇摇晃晃地站起来，对这个人说："我是鸭子啊。杀掉后吃	从前，有个人经过江边时，看到一个人正抱着一个婴儿要往江里扔，那个婴儿哇哇地大声啼哭。 这人很纳闷，就问他为什么要把婴儿往江里扔。 那人满不在乎地回答："这个孩子的父亲非常善于游泳呢。" 这个回答真让人啼笑皆非。____ _____ _____

我的肉，才是我的本分。为什么要将我扔来抛去呢？" 　　这个人说："我以为你是一只鹞鸟，可以捕猎兔子呢。难道你是只野鸭？" 　　野鸭举起它的脚掌，让这个人看，并笑着对他说：＿＿＿＿＿＿＿＿ ＿＿＿＿＿＿＿＿＿＿＿＿＿＿ ＿＿＿＿＿＿＿＿＿＿＿＿＿＿	
寓意：讽刺了那些做事只凭主观意志，不顾客观情况的鲁莽的人。	寓意：嘲笑了那些头脑僵化、思维教条的人。

　　师：从寓意出发，去补写结尾，更加训练我们对一则寓言整体的统整、分析能力。能力，不是一蹴而就的，需要我们在反复实践、摸索中，才能掌握。

知识性文本这样教

一位老师听了我一周的课。这一周我上知识性文本。一周的语文课，有太多地方让他感到意外。

原本他以为课堂上会有学生激情四溢的朗读，会有老师推波助澜的朗读指导，结果没有。

原本他以为课堂上会有表演、辩论、讲解等趣味性的学习活动，老师组织、安排、运筹帷幄，结果没有。

原本他以为课堂上会有一个接一个的"巧问"，会有一场又一场的"精彩对话"，会有一次连一次的"高潮"，结果没有。

一周的语文课，总体上是安静的、粗放的、朴实的。

知识性文本到底教什么

意外感越强烈，引发的思考往往越深入。有些话我们已经记得非常纯熟，例如"用教材教，而不是教教材"，但真正能学以致用的却很少。就以知识性文本为例，我们有没有深入思考过：我们到底用它来教什么？

教生字？ 如果是为了教生字，那还真不如用《三字经》《百家姓》，里边生字密度大，教学效率高。我们实际的阅读教学在教学目标上一再降格，无论是什么文体，一律沦为学字、学词课。知识性文本的概念密度一般来说都比较高，生字相对也较多，因此，很多知识性文本的课堂成了专注扫除生字障碍的课堂。但说句实话，认字学词对中高年级学生来说，靠自学基本就可以解决。而且就从搜集、整理信息的目的来说，个别的生字障碍不会造成整体的阅读障碍。

教朗读？如果是为了教朗读，那真不如用诗歌、散文和部分小说。知识性文本以呈现信息和观点为主，出声读或许可以帮助读者集中注意力（实际上，过度依赖出声读也是轻微的阅读障碍），但有感情朗读就完全没有必要了。收集和整理信息主要依靠默读、浏览、速读、跳读。这些读书方式跟思考联系得更紧密。

教知识？顺其自然地记住知识当然最好，然而，知识性文本的课堂如果把记住知识当作主要教学目标，肯定是本末倒置。很多老师已经认识到这一点，然而很多教学环节，例如知识竞赛、当讲解员，你可以理解为在锻炼口头表达，但教学的核心还是记知识。

那么，知识性文本究竟教什么呢？

第一，让学生明白知识性文本的阅读目的。

知识性文本是所有文体中阅读目的最强的一类。我们在生活中为什么要读知识性文本？就是要获取信息。我们的教学要围绕这一真实的阅读目的展开，就是要帮助学生学习怎么确定文章的重要讯息。我在教学《呼风唤雨的世纪》这篇文章时，让学生自己动手写，用50到70个字概括课文的主要内容。这对学生的能力提出极大的挑战。所以，我把所有的教学时间都倾注到这一点上，指导过程也展开得非常充分，教给了学生整合信息的一些实用的方法，例如删去那些具体的例子、找出文章中的关键句。早在1992年，美国的布朗·戴和琼斯就总结梳理了整合文章重要讯息的一些基本方法，例如略去不相干的资料、略去重复的资讯、把资料分门别类、找出文本中代表主旨的句子，等等。

教这些方法的最终目的是让学生建立阅读目的——有意识地阅读知识性文本。

第二，让学生了解一些基本的阅读策略。

其实，阅读策略是相对于阅读偏差及阅读困难而言的。台湾的赵镜中教授就提到过，知识性文本的作者限于文本可读性的要求，写出的作品通常是很精练的，提供的讯息相较于叙事性文本是较不充足的，以致增加了学生理解上的困难。针对这一点，老师在课堂上就可以有意识地强化学生利用上下文克服生难字词以及构建新观点、新想法的阅读策略。

那么在这一周的教学中，我教了哪些知识性文本阅读策略呢？

例如注意关键句。《飞向蓝天的恐龙》《呼风唤雨的世纪》……几乎在每一课的教学中，我都在提醒学生找关键句，关键句有时是第一句，也可能是最后一句。

例如注意细节，包含所提供的数据或例子。在《飞向蓝天的恐龙》一课的教学中，我让学生圈出时间词语，然后推算恐龙演化成鸟类所需的时间，目的就在于此。

例如注意区分、辨别事实与意见，并分析、判断其正确性。在《飞向蓝天的恐龙》一课的教学中，我一直追问学生为什么相信鸟是由恐龙的一支演化而来的，并引导他们回到文本中找证据，就是这个目的。

例如注意一些虚词。还是在《飞向蓝天的恐龙》一课的教学中，我通过质疑插图正确与否这样一个挑起读者认知冲突的教学环节，把学生的视线引向"大概""左右""上下""有些"等虚词，让他们明白这些虚词虽然没有实在的意义，但是会使表达更准确、科学。

例如将所得到的答案或信息填到工作单中。在《飞船上的特殊乘客》一课的教学中，我让学生填写KWL表格，就是引导他们学习用有效的表格梳理自己得到的信息。

知识性文本的主要阅读策略

在知识性文本的阅读教学中，考虑到知识性文本的特色，多采用以下几种策略：启动先备知识、决定文本中什么是重要讯息、提问、整合信息以及猜测生难字词等。

启动先备知识

所谓的先备知识包括：（1）与文章内容有关的知识；（2）有关社会联系和自然界的总的知识；（3）有关文章组织结构的知识。任何年龄、任何能力的读者都需要运用他们的先备知识作为过滤器来解释和建构所读文章的意思。他们也运用这些知识去确定文本的重要性，去推理文本中的言外之意，去监控理解。

通过讨论"主题中什么是我们已经知道的"这一话题，可以激活学生的先备知识。还可以通过预习要阅读的材料，例如预读书名／标题、作者、插图、表格、照片、书名／标题下的副书名／副标题、用特型字印刷的引子以及文中的小标题，来加深学生对文本总体的印象和认识。

当然，老师还可以利用群文阅读的教学方式，让学生在进行知识性文本的学习前，先阅读相同或相关话题的叙事性文本，帮助他们建立背景知识，熟悉谈论该话题的语词，激发他们的学习兴趣。

决定文本中什么是重要讯息

学生在阅读知识性文本时会遇到的困难之一，是无法决定哪些是重要讯息。我们可以通过仔细阅读开头部分以了解主题、背景、意图；通过找出主要段落的主题句，以了解文本的主要内容和整体结构；通过再读结尾部分，以了解结论、用途、意义。然后判断文本中哪些是重要的讯息。例如，我们在阅读开头时发现所读的文本是问题／解决类型的知识性文本，那么问题、解决方式以及该问题带来的影响就是文本中的重要讯息。

另外，留意文本中出现的关键词，也有助于读者发现文本中的重要讯息。此处所指的关键词，是指联结上下文或前后两个段落的关联词。诸如因此、由于、于是、然而、虽然……但是……、如果……就……，等等。一旦学生开始察觉到这些词语，阅读知识性文本对他们而言就不是难事了。

提　问

不论是阅读前、阅读中还是阅读后，皆需要提问。在阅读前鼓励学生使用"谁""何时""何地""为什么""如何"等疑问词多提一些问题，这样可以给他们提供阅读的焦点，明确阅读该文本的具体目标，还能让他们融入所读的内容，而且为了寻找答案，把既有的知识与刚刚学到的知识连在一起。

整合信息

知识性文本的段落中，绝大多数都有一个主题句，而大多数主题句又安排在每一段的开头。只要抓住了主题句，就等同于抓住了该段的段意。除了抓住主题句之外，还要抓住主要细节。因为还必须有把主题句扩展成段落的细节，有时，这些细节比主题句更有价值。

然而，并不是所有细节都同等重要，有些细节是主要的，有些则是说明细节的细节，称为次要细节。阅读时要注意区分主要细节和次要细节，注意掌握好重要细节。

猜测生难字词

其实，对促进学生阅读能力的发展，不论用哪一种文本，利用线索猜测生难字词都是一个重要的策略。要猜测生难字词，究竟有哪些线索呢？句子、陌生字词的前后文、插图、图表、照片、表格以及这个字词的组成方式都可以作为猜测的依据。

关于非连续性文本

"连续性文本"（continuous texts）和"非连续性文本"（non-continuous texts）是国际经济合作与发展组织实施的国际学生评估项目（PISA）评估学生阅读表现时从文本格式角度进行的分类。

按照PISA的解释，连续性文本主要由句子组成，依次形成段落，也可组成更大的结构，如篇章和整本书。连续性文本的类型有新闻报道、散文、小说、故事、评论及书信等。

非连续性文本则以不同的方式组织材料，需要读者采用不同的策略进入文本并获取信息，建构意义。非连续性文本常见的类型有以下几种。

（1）单一的图与表等文本：公交站牌、车票、时刻表、导游图、旅游报价单、产品配方表等。

（2）内含图表的综合性文本：产品说明书、有图表的调查报告和实验报告等。

（3）与信息相关、包含图表在内的多种形式的文本集群。

（4）以某一指向为目的的多种内容资料的阅读：地图、时刻表及风土人情等相关资料。

（5）短信、插入图表的连续性文本、绘本、连环画、阅读碎片等。

而在语文教学中使用的非连续性文本，则常常是一种综合性文本，包括连续性文本与非连续性文本的因素，文本各部分互相配合，共同传递某种信息或观念，如含有图表的研究报告、图文结合的材料等。虽然我们的学生从小喜欢阅读连环画、图画书、漫画书等，但它们仍然属于连续性文本，图画一般只起辅助作用，真正意义上的非连续性文本还没有进入我们的语文教材和语文教学。

我们阅读非连续性文本的能力如何

在PISA 2009评估中，中国上海学生的阅读成绩在参加评估的国家和地区中位居第一。但连续性文本与非连续性文本的阅读出现明显差异：连续性文本阅读平均得分564分，比第二名韩国高26分；非连续性文本阅读平均得分539分，比韩国低3分。上海学生非连续性文本阅读与连续性文本阅读的成绩相差25分，是参与评估的国家和地区中相差最大的。

表1　PISA 2000阅读素养评价中不同文本类型题量的百分比

连续性文本的阅读题量分布			非连续性文本的阅读题量分布		
文本类型	占连续性文本题量的百分比	占全部阅读题量的百分比	文本类型	占非连续性文本题量的百分比	占全部阅读题量的百分比
记叙	21	14	曲线图	37	12
说明	36	26	一览表	29	9
描写	14	9	示意图	12	4

连续性文本的阅读题量分布			非连续性文本的阅读题量分布		
论证与劝说	20	13	地图	10	3
指令与训谕	9	7	表格	10	3
			广告	2	1
合计	100	69	合计	100	32

表2　PISA 2009不同格式的文本所占的比例

文本形式		纸质测试中的比例	电子测试中的比例
单一文本	连续性文本	60	10
	非连续性文本	30	10
	综合性文本	5	10
多篇组合文本		5	70
总计		100	100

　　国际上把小学阅读教学分成两个阶段：一至三年级是"学习阅读"，四年级以后是"通过阅读学习"。我们知道，数学、科学、美术等教材，大多是以图文结合的非连续性文本形式呈现的，而在日常生活中，看广告、看地图、看天气预报、看火车时刻表等，都是非连续性文本的阅读。从某种程度上说，童话、小说、诗歌、散文给予儿童精神滋养，而非连续性文本的阅读则直接与学生的学习、生活相关。目前，连续性文本如童话、小说、散文的阅读已经引起语文老师的重视，但非连续性文本的阅读尚未进入语文老师的视野。我们除了等待教材编入这类阅读材料外，要向学生推荐这方面的读物。非连续性文本阅读需要与其他学科配合进行，比如数学课阅读统计图表，地理课阅读地图，品德与生活课阅读广告、宣传品等，引导学生逐步形成非连续性文本的阅读能力，以适应今天学习、生活、娱乐和日后工作的需要。

阅读非连续性文本有哪些策略

那么，阅读非连续性文本需要哪些能力呢？我们以PIRLS 2006的一份试卷上的题为例来说明。

寻找食物

这里有三个计划，研究小动物所吃的食物，以及它们寻找食物的方法。你需要先收集蚂蚁、湿圆虫和蚯蚓三种小动物。要小心地对待它们，研究结束以后，要把它们放回原来的地方。

它们在哪里

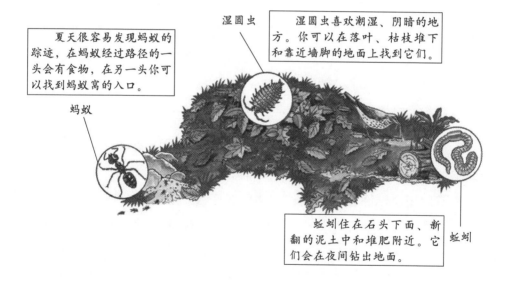

夏天很容易发现蚂蚁的踪迹，在蚂蚁经过路径的一头会有食物，在另一头你可以找到蚂蚁窝的入口。

蚂蚁

湿圆虫

湿圆虫喜欢潮湿、阴暗的地方。你可以在落叶、枯枝堆下和靠近墙脚的地面上找到它们。

蚯蚓住在石头下面、新翻的泥土中和堆肥附近。它们会在夜间钻出地面。

蚯蚓

蚂蚁的路径

蚂蚁住在蚂蚁窝里，当一只蚂蚁找到食物时，它会做出一条路径让其他蚂蚁跟着来。要做这个实验，你需要找到一个蚂蚁窝，还需要以下材料：一张纸、一小块苹果、一把泥土。

1. 把苹果放在纸上，把纸放在蚂蚁窝附近，等待蚂蚁找到苹果。你会看到蚂蚁全都沿着同一条路径走。

2．移动纸上的苹果，但不要把苹果移到纸外。蚂蚁是直接走到苹果那边的吗？

3．现在，把泥土撒在纸上，覆盖蚂蚁的路径。蚂蚁会急急忙忙地乱跑一阵。它们有没有做出新的路径？

发生了什么事？

食物已经移动了，但蚂蚁还是沿着原来的路径走，直到做出新的路径来。

为什么？

当一只蚂蚁找到食物的时候，它会产生一种特殊的化学物质，形成一条有气味的路径。其他蚂蚁能利用触角，嗅出这种气味来。

湿圆虫怎么寻找食物

湿圆虫有很敏锐的触角。做一个像下面这样的盒子，然后收集6只湿圆虫，把它们放进盒子里，观察它们是怎样找到食物的。

你需要的材料：

一个有盖子的小空盒子、剪刀、胶带纸和潮湿的落叶。

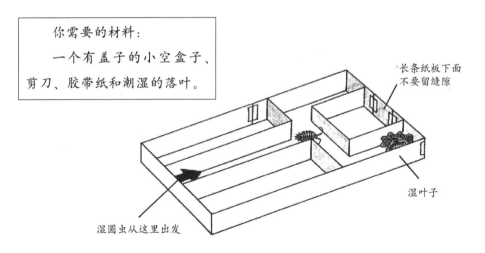

长条纸板下面不要留缝隙

湿叶子

湿圆虫从这里出发

1．利用盒子的盖做出三条长条纸板，拿来做图片中的走道。

2．一次放一只湿圆虫，让它沿着走道走。当它们走到尽头时，有些会左转，有些会右转。

3．把湿叶子放在盒子的右边，然后让湿圆虫再走一遍，它们会往哪边走？

发生了什么事？

湿圆虫向右转，朝食物走去。

为什么？

湿圆虫会利用触角感觉食物，利用它们来找到叶子。

做个蚯蚓饲养箱

蚯蚓不容易研究，因为它们不喜欢亮光。它们一感觉到光，就会蠕动着爬走，找一个阴暗的地方躲起来。为了观察蚯蚓如何生活和进食，需要制作一个如下图所示的蚯蚓饲养箱。然后找两三只蚯蚓放进去。记住一件很重要的事情——不要拉扯蚯蚓，不然，你可能会伤害到它们。它们身上长有许多硬毛，会紧紧地抓住土壤。

你需要的材料：

鞋盒、胶带纸、笔、剪刀、大塑料瓶、一大杯沙子、三大杯湿湿松松的土、切成小方块的洋葱和马铃薯

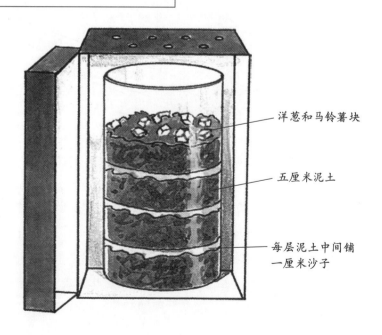

洋葱和马铃薯块

五厘米泥土

每层泥土中间铺一厘米沙子

1. 用胶带纸把鞋盒盖的一边贴在鞋盒上，让它能像门一样打开。用笔在盒子上方打几个洞，让阳光和空气可以进入饲养箱。

2. 把塑料瓶上部剪掉，然后放进几层松松的泥土和沙子，在上面撒一些马铃薯和洋葱。

3. 轻轻地把蚯蚓放进去，把塑料瓶立在盒子里面，并把门关上。把蚯蚓饲养箱放在室外干燥的地方，放四天。

4. 四天后，去看看塑料瓶。里面的沙和土发生了什么变化？做完这个实验以后，把蚯蚓放回原来的地方。

发生了什么事？

四天以后，土层和沙层应该混合在一起了。

为什么？

蚯蚓爬到地面上吃东西的时候，会把沙和土混合在一起，接着又会钻回地底下，远离阳光。

这是一份图文结合的生物研究小型计划。这是一个比较典型的非连续性文本，它借助于图文结合说明怎样做"湿圆虫怎样寻找食物"的实验。实验过程、结论及原因分析，又分别属于两个文本。阅读这样的文本，大致需要以下一些阅读技能。

◎ 图文对照，信息互补。文中提出"做一个像下面这样的盒子"，这个盒子结构比较复杂，用文字描述很不容易，而用图（而且是一张俯视图）表示则一目了然。文字部分要求我们"利用盒子的盖做出三条长条纸板，拿来做图片中的走道"，但并没有告诉我们这三条长条纸板要做成什么样子。看了图我们才知道有两条要做成L形，一条要做成U形，而且纸条之间的距离不能太窄，也不能太宽，刚好能让一只湿圆虫通过。这是看图获得的信息。再如，我们在图上看到盒子壁上有几个小方块，那又是什么呢？文中指出"你需要的材料"中有胶带纸，但没有说明胶带纸怎样用。通过图文对照，我们可以推测这些小方块就是胶带纸粘贴的地方。这是看图加上直接推论获得的信息。有人认为当今社会已经进入"读图时代",这也不无道理。非连续性文本阅读的一个重要技能就是把图片、图表等提供的信息和文字材料联系起来,以获取有价值的信息。

◎ 从图文中提取重要的信息。说明文一般行文简洁,不做描述,冗余信息比较少,可以说每句话都不能忽略。阅读这种文本,要能提取重要的信息。像这个文本中"利用盒子的盖做出三条长条纸板,拿来做图片中的走道"一句,重要的信息是"用什么材料"(盒子的盖)、"做什么"(走道)、"怎样做"(做出三条长条纸板)。而这些长条纸板究竟做成什么样的走道,那就要通过读图来获取信息了。

◎ 解释和推论。文本的有些内容不是直接写出来的,读者在将文本信息运用于实际情境时,需要运用推论对信息做出解释。如上面的文奉图中有文字说明:"走道宽度要刚刚好让湿圆虫通过""长条纸板下面不要留缝隙"。这是两条操作指令,但我们要进一步思考文本为什么要在此处提醒我们。由于湿圆虫体型扁平,可以轻易地从缝隙下通过,这样左转或右转的行为就分辨不出来了。通过解释,我们不仅"知其然",而且"知其所以然"了。再如:"把湿叶子放在盒子的右边,然后让湿圆虫再走一遍,它们会往哪边走?"这不能瞎猜,需要通过推论做出假设。

◎ 比较和归纳。《寻找食物》这个文本进一步要求对几个各自独立的材料进行比较,如"蚂蚁和湿圆虫找食物的方法,有什么相同的地方"。

◎ 做出评价。这个测试要求学生在阅读完三个材料后回答"你觉得这三个计划,哪个最有趣?利用文章里的信息说明你的答案",并对文章的内容做出评价。PIRLS 2006的另一个文本《南极洲》则要求对文本的表达方式做出评价。

这篇文章利用了两种不同方式介绍南极洲:
◎ 南极洲简介
◎ 一封来自南极洲的信

你认为哪一种资料比较有趣,为什么?

非连续性文本的另一种重要形式是多元文本（multiple text），即把多篇本身是独立的文本放在一起。它们可能在内容上存在某种特定的关系，可能相互补充，也可能完全相悖。国际上正在逐步推行的电子阅读测试，将以多元文本作为主要的文本形式。这种类型的文本，需要学生在更高层次整合文章信息，做出自己的评价和判断。

下面是摘自网络的三则消息。

消息A

近日，哈市各大超市、市场内，大个儿草莓因为卖相诱人，很受青睐。对此，省农科院园艺分院、哈市农委有关专家表示，大个儿草莓有可能是用膨大剂催的，对健康不利。采访中，一些草莓种植专业户表示："我们从来不吃个儿大的草莓，只有不懂行的人才吃。"

消息B

"这草莓个头儿也太大了，是不是添加催熟剂或膨大剂了？吃了不会有事吧？" 23日，市民袁女士在红旗街附近的一家水果店购买水果时，看着摊位前又大又红的草莓表示担心。为此，记者咨询了新农村热线农学方面的专家。专家向记者介绍："草莓个头儿大不能说明里面一定添加了催熟剂或膨大剂等化学制剂。有些草莓因为品种不同，栽培出来以后就是这种个头儿大的产品，这种大个儿的草莓产量大，营养丰富。"这位专家又说："草莓个头儿大，不排除一些果农为了使水果长得大一些，故意往植物里添加催熟剂的可能，但催熟剂对人体基本没有伤害。"

消息C

浙江省农业厅首席蔬菜专家赵建阳说："现在的草莓为什么越来越大？有两个因素：一是品种好；二是科学种植，比如疏花疏果。原先一株苗上10朵花，长大后可能就结10颗草莓。现在把它疏掉一半，一株草莓上让它只长5颗草莓，养分足了，个儿自然就大了。"

读了这样三则观点不同甚至意见相左的材料，我们不由得会问："个儿大的草莓究竟能不能吃？"在今天这个信息传播迅速、价值认识多元的社会，我们发现这种阅读是经常会碰到的。

课例：个儿大的草莓能不能吃

【文章】

1.《大个儿草莓是膨大剂催的，对健康不利，提醒市民注意》（新闻报道；发布日期：2010年4月20日；来源：《生活报》）

2.《吃"巨无霸"草莓小心膨大剂，怎样识别激素草莓》（新闻报道；发布日期：2011年4月11日；来源：《扬子晚报》；记者：徐骏、杨彦、张越）

3.《大个儿草莓放心吃》（新闻报道；发布日期：2010年4月24日；来源：《长春晚报》；记者：张明辉）

4.《为啥草莓个头儿一年比一年大？到底有没有用激素？吃草莓到底要不要洗？》（新闻报道；发布日期：2011年2月28日；记者：周涛、冯云浓）

【教学目标】

1．读多则关于草莓的新闻，感受信息的复杂、多元。

2．通过梳理"草莓个头儿大的原因"，练习比较、整合等阅读策略。

3．通过辨析"客观、公正的新闻怎么写"，学习如何阅读新闻，以及练习复杂情境中的思考力。

【课例呈现】

选择：个儿大的草莓，你买不买

（出示草莓图片：一堆个儿小的草莓，一堆个儿大的草莓）

师：如果价格一样，你选择买个儿大的草莓还是个儿小的草莓？

生：（统计）选择买大草莓的有25人，选择买小草莓的有15人。

师：（面对选择买大草莓的同学）你为什么买大草莓？

生：大草莓看起来更能引起食欲。

生：大草莓肉多。

（读一则新闻：《大个儿草莓是膨大剂催的，对健康不利，提醒市民注意》）

师：刚才大家读了一则关于草莓的新闻。现在我重新问：如果价格一样，你选择买个儿大的草莓还是个儿小的草莓？

生：（统计）选择买小草莓的有40人，选择买大草莓的是0人。

师：奇怪了，为什么这么多人改变原来的选择，放弃购买个儿大的草莓？

生：因为新闻里提到个儿大的草莓用了膨大剂，而膨大剂可能对身体有损害。

师：你看，新闻是很不一样的一种文章，新闻对人的想法是会产生影响的。刚才你们就感受到了这种影响。

（读三则新闻：《吃"巨无霸"草莓小心膨大剂，怎样识别激素草莓》《大个儿草莓放心吃》《为啥草莓个头儿一年比一年大？到底有没有用激素？吃草莓到底要不要洗？》）

师：如果价格一样，你选择买个儿大的草莓还是个儿小的草莓？

生：（统计）选择买大草莓的有21人，选择买小草莓的有19人。

师：为什么原来已经放弃购买大草莓的同学，现在又打算买了？你们不怕膨大剂伤害你们的身体吗？

生：读了四则新闻之后，我知道个头儿大的草莓未必使用了膨大剂。

生：图片里的大草莓，果肉挺结实的，表皮也没有磨烂，新闻里写着这样的草莓一般没有使用膨大剂，可能是因为品种特别好。

师：好，你们刚才选择的变化，再一次证明新闻对人的生活、对人的想法是会产生影响的。

| 大 | 25 | 0 | 21 |
| 小 | 15 | 40 | 19 |

梳理：草莓个头儿大，有哪些原因

师：更重要的一点是，我们发现有时我们看一则新闻报道可能还不够，相关的新闻可以多看几则。现在网络发达，通过关键词搜索，相关的新闻很快就可以搜到。看了多则新闻后，我们知道，导致草莓个头儿特别大的原因有多个。到底有几个呢？看看我们能不能梳理清楚。请大家再浏览这四则新闻，找一找，理一理。

（生默读、寻找、整理，大概7分钟）

师：你们一共找到了几个原因？（生答"3个""4个""5个""6个""7个"）答案真的是五花八门。（笑）如果原因真的有3个，那么意味着找到4个、5个、6个、7个原因的同学，你们还没有学会整合。如果原因真的有7个，那么意味着找到3个、4个、5个、6个原因的同学，你们遗漏了，阅读还不够仔细。

师：来，我们一起找一遍，一位同学在黑板上记录。

对此，省农科院园艺分院、哈市农委有关专家表示，大个儿草莓有可能是用膨大剂催的，对健康不利。

师：当你在第一则新闻中看到这句话的时候，你可以写下第一个原因的关键词——膨大剂。

对此，哈市农委有关专家表示，大个儿草莓很可能是被膨大剂催的，目的是人为缩短成长周期。

师：当你在第一则新闻中看到这句话时，是不是意味着你找到了第二个原因？

生：不是，因为这句话还是在讲"膨大剂"。

但是有些果农为牟取暴利，在种植过程中乱用膨大剂，增进果实的细胞分裂并让体积增大，达到增产的目的。

师：第二则新闻中这句话所提到的原因依然可以合并到"膨大剂"这个原因中。

今年市场上相当一部分大个儿草莓是从日本引进的新品种。其特点就是果大，呈圆锥形或长圆锥形，最重的一个就能有100克。

师：这段话提到了一个新的原因，你打算选用哪个关键词？

生：新品种。

草莓个头儿大不能说明里面一定添加了催熟剂或膨大剂等化学制剂。有些草莓因为品种不同，栽培出来以后就是这种个头儿大的产品，这种大个儿的草莓产量大，营养丰富。

师：第三则新闻里有这样一段话。你觉得草莓个头儿大的原因需要增加吗？

生：需要，因为这里提到了催熟剂，而前面没有提到过。

生：我觉得不需要增加，因为催熟剂和膨大剂都属于化学制剂，是同一个类型的。从这个"等"字可以看出，这样的化学制剂还有其他的呢，没必要出现一个就写一个。

师：我同意后面这位同学的说法。而且准确地说，刚才记录的关键词——膨大剂可以改为化学制剂。

现在的草莓为什么越来越大？有两个因素：一是品种好；二是科学种植，比如疏花疏果。原先一株苗上10朵花，长大后可能就结10颗草莓。现在把它疏掉一半，一株草莓上让它只长5颗草莓，养分足了，个儿自然就大了。

师：很明显这段话里提到了两个原因。"品种好"前面已经提到过，另外一个原因我们用哪个关键词来概括呢？是"科学种植"还是"疏花疏果"？

生：我会用"科学种植"，因为"疏花疏果"是科学种植的一种做法。

师：说得非常好。

草莓有好几个花期，第一个花期时，植株正值青年，就像人一样，加上地里养分最足，所以结出的果子个头儿特别大，像乒乓球大小的，并不稀奇。也有特别大的，可能是局部氮肥太足的缘故。

师：这是第四则新闻中的一段话。我们先读第一句话，这里讲到了草莓个头儿大的另一个原因。但是这句话里没有明显的关键词，要我们自己概括。你打算怎么概括？

生："养分足"。

生：老师，我不太同意，我觉得应该是"第一花期"。

（生有争论）

师：我们看这句话里的表述——"加上地里养分最足"，"加上"这个词表明"养分最足"是连带原因，排在前面的更重要一点儿的原因是"第一花期"。

师：这里还要提醒的是，有的同学容易忽略后面一个句子提到的另一个原因——"氮肥太足"。可见这种阅读梳理的工作要细致。

1. 化学制剂

2. 品种好

3. 科学种植

4. 第一花期

5. 氮肥太足

讨论：客观、公正的新闻怎样写

师：我们梳理以后，对草莓个头儿大的原因有了比较全面的了解。现在，我们再回看那些新闻报道。（师根据提纲复述新闻）

大个儿草莓是膨大剂催的，对健康不利，提醒市民注意
发布日期：2010年4月20日　来源：《生活报》

市场内，大个儿草莓特别多

大个儿草莓很可能使用了膨大剂

吃大个儿草莓对人体健康不利

师：你对这则新闻满意吗？

生：不满意，这则新闻有点儿片面。

生：那些改良品种或者科学种植的草莓种植户看到这则新闻，估计要哭。他们的生意会受到很大影响。

大个儿草莓放心吃

时间：2010年4月24日　来源：《长春晚报》

现在的草莓个头儿越来越大

草莓个头儿大是人工栽培所致，极少使用膨大剂

人工栽培草莓营养价值也很高

草莓即使用了添加剂，对身体也没伤害

总之，个儿大的草莓多吃、放心吃

师：你对这则新闻满意吗？

生：这则新闻也片面。它鼓励大家去吃大个儿草莓。但是不能否认，有些大个儿草莓是用了化学制剂的，对人的身体有伤害。

师：也就是说，这些新闻都不够全面、客观。现在，如果让你来写一则新闻，尽量客观一些，不要误导读者，你觉得该怎么写呢？四人一小组讨论，一人执笔，写出这则新闻的提纲。

（生讨论，列提纲）

（一组汇报）

现在的草莓个头儿越来越大

有些使用了化学制剂，有些是改良品种、科学种植等原因

使用了化学制剂的草莓，吃了对人体有影响

如何分辨草莓是否使用了化学制剂

思考：片面的新闻是怎么来的

师：那我就不明白了，我们才五年级，通过学习，也大致理解了一则理想的新闻该怎么写。而记者都是大学毕业，而且经过长期的职业学习，为什么我们的报纸上会出现这么多片面的新闻？

生：记者没有做全面调查。

生：记者没有做全面调查，他们被一些专家误导了。

师：他说的这一点挺有意思。我们看下面这张表格。显黑的专家有一

个共同点，你们发现了吗？

草莓膨大的原因	相关专家、人员	
使用膨大剂	省农科院园艺分院、哈市农委有关专家	1
	一些种植户	2
	专门研究草莓种植的青岛市农科院邵永春	3
	南京市第一医院曹长春主任	4
使用催熟剂	新农村热线的专家	5
局部氮肥太足	浙江省农业厅农作物管理局研究员、首席蔬菜专家赵建阳	6
品种好	新农村热线的专家	7
	北京市农林科学院林业果树研究所研究员冯晓元	8
	浙江省农业厅农作物管理局研究员、首席蔬菜专家赵建阳	9
科学种植	浙江省农业厅农作物管理局研究员、首席蔬菜专家赵建阳	10
第一花期地里养分多	浙江省农业厅农作物管理局研究员、首席蔬菜专家赵建阳	11

生：不知道他们是谁，只是含糊地提到是"有关专家"。

师：是的，我们看新闻的时候，看到这种"有关专家"，无名无姓，就要提醒自己里面的观点是不是值得信任。

生：他们被一些企业收买了，做了不实报道。

生：也有记者是个怀疑主义者，对什么都不放心，喜欢听负面信息。

……

师：这些可能性都存在。但是问题来了，我们前面说过，新闻的读者特别多，它对人的影响特别大。一个社会可以想什么办法，约束记者不写片面、失真的新闻呢？这个问题你们课后去思考、讨论吧。

第三章

群文阅读实践

群文阅读，做起来再说

从2011年开始，我除了个人在班里尝试群文阅读外，还组建了一个小型群文阅读实践团队。为什么是小型的？因为绝大部分老师具有"经验"之后，"经验"就会变成一种习惯，他们不太愿意做出改变。他们对大部分新生事物都会抱以观望的态度（不过也得承认，很多教育领域的新的理念和做法，都是一种"概念炒作"，不值得信任）。

高利佳老师是研究团队中的一员，其实她有很多拒绝尝试的理由，例如她刚当妈妈，例如她被交流到薄弱学校。

2014年9月，高老师从西子湖畔的一所重点小学被交流到一所普通小学。为了能尽早认识孩子、家长，没等开学，她就开始了家访。连访5户，家长都表达了同一个意思："孩子不爱读书，阅读扣分多，老师请多帮忙！"看看这些家庭，也没见着什么书。没有书的家，让孩子怎么爱上读书？没有阅读基础和条件的班级怎么搞群文阅读？高老师刚开始想退缩。

等到开学时，高老师问孩子们平时喜欢做什么事。竟然有很多孩子告诉她——喜欢读书。孩子们的回答让她意识到，老师不要轻率地做出一个判断。例如，学校书少，家长不爱读书，那么孩子一定不爱读书；薄弱学校不适合开展群文阅读。

新的学期正式开始了，高老师决定每周四下午带孩子泡在学校图书馆里，每周尝试一次群文阅读……

几个月后，她觉察到一些微妙的变化，这些变化都是来自孩子们的。为了让他们畅所欲言，也体验一回微信的社交功能，她在班上进行了一次

"模拟微信"。

高利佳

2014年10月：喜欢语文课吗？尝试过一节课同时学几篇文章吗？

 无

还行！（部分孩子）

喜欢！（部分孩子）

没有尝试过，怎么学啊？不可能！（部分孩子）

高利佳

2015年6月：教材课和群文课，你更喜欢哪一种？为什么？

 32人

田亦冉：群文课可以在几篇文章中发现一些新的东西。课文中文体只出现一次，而群文阅读中出现了很多类型，每种类型都有好几篇，阅读的时候可以发现这类文体的一些特点。在群文阅读课上学了许多方法，如果把学会的方法用到语文课中，那么语文也能学得更好。

邵炜嘉：首先，课本上的内容要考试，但是阅读课不用考试，没有压力，就学得很开心。想上群文阅读课的欲望比想上语文课的欲望要强。其次，有个非常重要的比喻：学生是羊群，语文书是养羊人，羊群被养羊人囚禁在一个区域，只能吃这儿的草。群文阅读课则给了羊群一大片草原，羊群回归了自由，也能生长得更好。

张智源：课文中给的阅读内容太少了，我希望有更多可读的资料。我喜欢高老师你上《刷子李》的时候，把《泥人张》也一起带入了课堂。

沈昕欣：上课文要回答好多死记硬背的问题，甚至是一些很无趣的问题。群文课很有趣，没有这种条条框框的东西，没有束缚，课堂上也挺好玩的。

张磊：课文太死板；群文阅读学得有趣，可以拓展知识，对期末考试反而会有帮助，因为语文考试两篇阅读都是课外阅读。群文阅读课上的方法让自己的脑袋活过来了。

饶明鉴：我认为群文课的合作方式比课内的合作方式更好，课内的文章结构是差不多的，群文课上的文章结构是各式各样的，合作的时候可以选择的内容、方法也就更多了。

宋航宇：读语文书的时候眼神飘忽，手脚不自然，总是会有些小动作，让自己游离。群文阅读课上眼神不飘忽，手脚很自在，几乎没有小动作，因为都非常喜欢读，都投入地读起来了。我们为什么喜欢蒋军晶老师编写的《群文阅读——新语文读本》？那是因为这本书里有我们可以参与和创作的板块，而语文书中的问题都比较枯燥。

郑安琪：群文阅读课上想说什么就说什么，语文书上课文的内容让我的表达受限制了。

顾懿炜：群文阅读课上学的方法可以运用在很多读书的时候，就连考试时也能用上一些，我们班的语文平均分明显比别的班高。

周子栋：群文课上给的阅读范围非常广，一节课可以阅读多个国家作家的作品。语文书固定不变，基本定型了，而群文阅读似乎是一个非常广阔的天地，它变幻莫测，估计不到它的边际所在。

赖雯洁：语文书中的人物绝大多数是非常完美的，是英雄，而在群文阅读中可以发现人物形象很多元。

陆亦舟：语文书中的文章大部分都是改编过的，而我更喜欢读原作，原作让我们有更多思考和想象的空间。有些课文甚至和原作截然不同，让我们有被蒙骗的感觉。例如《检阅》《巨人的花园》《丑小鸭》《猴王出世》等等。

刘韵诗：课文中基本按照主题来选择文章，群文阅读不仅仅以主题类型来区分，还有各种方式的组合。

张智源：群文阅读课是课外的，的确不错，而语文书是课内的，为了考试，还是得学好语文书中的内容。不过，语文学习的最终目的还是要运用到生活中。

宋航宇：群文阅读课上的考试考得少，语文书中考试考到的多。学习成绩的评价应该包含课文上的知识，也得包含课外知识，所以既要学好语文书中的，也要经常进行群文阅读。

于磊：群文阅读课越有趣，我们就学得越好，可以对群文阅读课上学到的方法、知识进行考试，这样会形成一个良性循环圈。

文杰：如果不学统一的内容，那么就很难评价，群文要学，课文也要学。

张磊：读语文书和群文阅读就像是平时的饮食，我们要各种食物搭配，做到营养均衡，所以语文书还得学。

饶明鉴：语文书中有许多要记要背的知识，如果群文课在语文课中穿插，就是把课文换个顺序，重新搭配一下，那么我们就有更大的动力和更好的方法来记忆这些知识。

顾懿炜：语文书中的知识是地基，群文阅读是继续建造，基础好才能有高楼大厦。

方卓亮：没有群文阅读，这建筑就不能住人了。没有语文书，就没有地基，也就不能有高楼大厦。如果学的教材是语文书和《群文阅读——新语文读本》的结合就好了，每周要保证群文阅读课的时间，不能只是一周一节。

看到孩子们的评论时，高老师很震惊。实践出真知，孩子们的发现揭示了群文课对学生、对老师的真实意义。他们在发言里提到的课文阅读和群文阅读的区别非常接近我在文章中提到的课文阅读教学和群文阅读教学的区别。（见本书第5页表格）

孩子们小小年纪居然可以看得那么透彻，分析得那么清楚。高利佳老师的实践和"调查"也让我豁然开朗——对群文阅读，最重要的是做起来再说。

实践，是一切的开始。

通过群文学表达

语文教学，一个重要的目标是教表达。

最不理想的教法，就是没有例子，没有文章，干讲。假设一个老师要让学生学会"甄嬛体"的写法，干讲就是讲提炼过的"规律"。

"甄嬛体"的特点——

1．言必称"本宫""臣妾""嫔妾""朕""哀家""孤"，描述事物用双字——"方才""想来""极好""左右""罢了"。

2．短语、短句："若是……想必是极好的""但……倒也不负……"。

3．用于形容一件事物完美——"这真真是极好的"。

这样直接、概括性地跟学生讲"甄嬛体"的表达特点，效果很差。讲完之后你让学生写，估计没几个学生能写出来。

稍微好一点儿的方法，就是结合一个例子、结合一篇文章来讲"甄嬛体"的特点。

这"面包物语"的香辣肉松面包做早膳是极好的。金黄诱人，香溢满堂。若是再配上多一点儿奶黄酱，那便是再好不过了。只是多吃了难免油腻，喉咙稍稍不适。若是配上浓香咖啡一杯，又解腻，又提神，自然不负君恩。

有了概括性的提炼，有了上面这样的例子，可能有部分学生能听懂，并能尝试仿写。这种教学我们可以看作单篇文章的教学，这种方法的缺点是老师讲得很累，掌握的学生也不会太多。

还有一种方法就是，让学生读多个例子，读多篇文章，让他们自己在阅读比较中发现表达的特色、规律。

1．这"面包物语"的香辣肉松面包做早膳是极好的。金黄诱人，香溢满堂。若是再配上多一点儿奶黄酱，那便是再好不过了。只是多吃了难免油腻，喉咙稍稍不适。若是配上浓香咖啡一杯，又解腻，又提神，自然不负君恩。

2．噗，你今儿写的方案是极好的，简明扼要，配图到位，是最好不过的了。我愿多看两眼，虽会耽误下班，倒也不负恩泽。

3．巴萨的水平是极好的，大牌前锋配上中场大将，原是最好不过的了。虽说运气欠佳，点球未进，成全切尔西再入决赛，倒也不负恩泽。

上面三段话一读，学生自然就发现了"甄嬛体"的句式结构——"若是……想必是极好的""但……倒也不负……"，并且相对有较多的学生可以仿写。这种方法，我们可以理解为群文阅读。它的优点是，老师在课堂上反而显得轻松，学生自己可以在阅读中发现表达的规律。

我组建的群文阅读研究团队开发了较多这种指向表达的课例。例如，让二年级的学生看多篇环绕诗，了解环绕诗的特点，并模仿创作。例如，让四年级的学生读多篇反复结构的童话，通过表格的梳理，发现这类童话的叙述特点并仿写。例如，让六年级的学生比较阅读毕淑敏的两篇散文，努力发现作家是怎么写心理活动的。这些课例都取得了比较好的效果。

"绕啊绕"的儿童诗

【文章】

1．《房子里有箱子》（北京童谣）

2．《需要什么》（贾尼·罗大里）

3．《我底下有什么》（七星潭）

4．《要是你给老鼠吃饼干》（劳拉·乔菲·努梅罗夫/文　费利西亚·邦德/图　任溶溶/译）

【教学目标】

1．读文画图，感受环绕诗的好玩有趣。

2．预测比较，发现环绕诗的不同形式。

3．模仿创编，练习环绕诗的写作手法。

【教学思路】

1．像俄罗斯套娃一样的诗。

（1）玩俄罗斯套娃，了解套娃的特点。

（2）阅读《房子里有箱子》，发现诗与俄罗斯套娃的共同点。

（3）将自己的发现画"图"表示，并进行趣味朗诵。

2．在预测中感受绕的有趣。

（1）阅读《需要什么》，预测接下来"需要"什么。

（2）阅读《我底下有什么》的前半部分，预测诗的后半部分可能怎么写（试着往下编）。

（3）阅读《要是你给老鼠吃饼干》，预测接下来可能发生什么。

3．在比较中发现绕的异同。

（1）比较《房子里有箱子》《需要什么》《我底下有什么》《要是你给老鼠吃饼干》四篇诗文的共同点。

（2）比较《房子里有箱子》《需要什么》《我底下有什么》《要是你给老鼠吃饼干》四篇诗文的不同之处。

（3）教师小结，着重强调环绕诗的不同形式。

4．创编往下绕的诗或故事。

学习任务：选择一种自己喜欢的环绕诗的形式，创编一首"不断往下绕"的诗或故事。

【课例呈现】

像俄罗斯套娃一样的诗

师：今天，老师给小朋友们带来了一个玩具，（出示套娃）它叫——

生：套娃娃。

师：是的，它叫俄罗斯套娃，想玩吗？

生：想。（争抢着）

师：你来。（生上台）其他小朋友，可要看仔细了，这个俄罗斯套娃有什么特点？

（生玩套娃，一个一个摘下来，又一个一个套回去，笑声不断）

师：好玩吧？

生：好玩。

师：和大家说说好玩在哪儿？

生：像套娃一样一个套一个。

师：难怪叫俄罗斯套娃。

（生纷纷叫嚷：一个比一个小）

师：你们都发现了，真厉害！（生呼喊"再玩"）

师：接下来玩一个高难度的，下面三首诗中，有一首就像俄罗斯套娃一样，你能找到吗？

（出示课件）

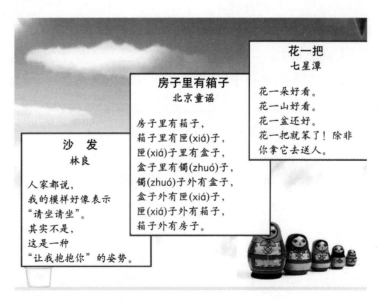

花一把
七星潭

花一朵好看。
花一山好看。
花一盆还好。
花一把就笨了！除非
你拿它去送人。

房子里有箱子
北京童谣

房子里有箱子，
箱子里有匣(xiá)子，
匣(xiá)子里有盒子，
盒子里有镯(zhuó)子，
镯(zhuó)子外有盒子，
盒子外有匣(xiá)子，
匣(xiá)子外有箱子，
箱子外有房子。

沙　发
林良

人家都说，
我的模样好像表示
"请坐请坐"。
其实不是，
这是一种
"让我抱抱你"的姿势。

（生纷纷举手）

师：那么快啊，你找到的是哪首？

生：第二首。

师：你呢？

生：《房子里有箱子》。

师：你找到的也是这首，你呢？

生：第二首《房子里有箱子》。

师：你们呢？

生：第二首。

师：你们为什么觉得这首像？（小手高举）你想回答，请你说。

生：房子套着箱子，箱子套着盒子……一个套一个。

师：如果老师用一个大大的正方形来表示房子（板书），那这个箱子画在哪儿？

生：里面。

师：你们读，老师画（生读，师画示意图）

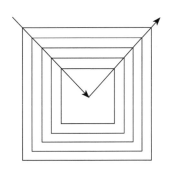

师：真的很像套娃，一个套着一个，而且这些事物——

生：大的套小的，房子大，箱子小，再小，再小，一个比一个小。（生边说边做动作）

师：从他的动作中，我们还发现了——

生：从外往里套，再从里往外。

师：你们能不能用声音读出大小变化，读得像俄罗斯套娃这么好玩？（生信心十足）和你的同桌练练。

（生练读）

师：谁愿意来试试看？

（生很有节奏地读）

师：读得特别有节奏感，他把套娃当中的关键事物——房子、箱子、匣子等，读得重重的，突显出来，读得像绕口令一样，好玩！刚才有小朋友说这里的事物一个比一个小，你能用动作读出它的大小变化吗？这位小朋友忍不住做起动作来，请你来。（生边做动作边读，其他学生也跟着做起动作来，手张得大大的，越来越小，然后越来越大）

师：我看到大小变化了。如果用声音，可以吗？房子很大，我们可以读得——

生：重。

师：一起来。

生：房子。

师：哦，还不够大，再大，再大点儿。

生：（响亮地）房子里有箱子，箱子里有匣子……（声音从重到轻，再从轻到重）

师：读得真好玩！

在预测中感受绕的有趣

师：像这样好玩的诗，还有很多诗人写过。我们来看下面这首诗——意大利诗人贾尼·罗大里写的《需要什么》。

（逐句出示课件）

师：做一张桌子，需要木头；要有木头，需要——

生：树。

师：你为什么认为需要的是树？

生：树是木头。（众笑）

师：有树才有木头，是不是这个意思？（生点头）

师：生活中，我们都见过，联系生活来预测，不错！（继续预测）要有大树，需要——

生：需要人民。

师：呵呵，很不一样的想法。

生：需要果实。

生：需要种子。

师：你和诗人想的一样哦！（继续逐句出示诗，生接读）

师：那么，做一张桌子需要什么呢？

生：花朵。

师：花朵？为什么你这样认为？

生：因为花朵里有种子，有种子才有大树，有大树才有木头，有木头才有桌子。

师：哇，这个小朋友太了不起了，发现了诗人的写作秘密。（出示最后一句）你看，诗人说做一张桌子需要——（生接读全诗，师演示课件，逐个出示事物）

需要什么
（意大利）贾尼·罗大里

做一张桌子，
需要木头；
要有木头，
需要大树；
要有大树，
需要种子；
要有种子，
需要果实；
要有果实，
需要花朵；
做一张桌子，
需要花一朵。

```
桌子
 ↓
木头
 ↓
大树
 ↓
种子
 ↓
果实
 ↓
花朵
```

师：如果平时有人说"做一张桌子，需要花一朵"，我们会觉得怪怪的，是不是？（生点头）但是，诗人这么一圈一圈往下绕，绕得还是蛮有道理、蛮好玩的。

（板书）

一圈一圈往下绕

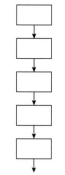

师：接下来这首诗，老师只出示了诗的前半部分，后半部分你猜诗人会怎么写？试着往下编编看。

（出示课件）

我底下有什么

／七星潭／

黑暗底下有一颗星星

星星底下有一棵树

树下有一张毡（zhān）子

毡（zhān）子底下有一个我

（同桌互相编，生纷纷举手）

师：这么快就编好啦！我们来听听看。

生：桌子底下——（众笑）

师：（笑）这里好像没有桌子唉？你还沉浸在刚才那首诗中，呵呵。

生：（笑）黑暗底下有一颗星星，星星底下有一棵树，树下有一张毡子，毡子底下有一个碗，碗下面有地板。（师生鼓掌）

师：一首非常棒的往下绕的诗。

生：黑暗底下有一颗星星，星星底下有一棵树，树下有一张毡子，毡子底下有一个碗，碗底下有一个我，我底下有大地，大地底下有什么？你猜猜。（全场惊呼，掌声热烈）

师：哎哟，这首往下绕的诗，可真是妙啊！太喜欢你了！

生：黑暗底下有一颗星星，星星底下有一棵树，树下有一张毡子，毡子底下有一个我，我底下有大地，大地底下有泥土。（生思考）

师：泥土底下有——

生：蚯蚓。

师：一直往下绕的诗，了不起，有诗人的潜质。

生：黑暗底下有一颗星星，星星底下有一棵树，树下有一张毡子，毡子底下有一个我，我底下有大地，大地底下有泥土，泥土下面有蚯蚓，蚯蚓……（生思考片刻）蚯蚓下面有什么？你猜猜。（笑）

师：我发现这个男孩子啊，特别聪明，刚才那个男孩子的最后一句博得了大家的掌声，他也学着用起来了，很棒！想不想知道诗人的最后一句是怎么写的？

生：想。

师：准备好。

（出示课件）

我底下有什么

/ 七星潭 /

黑暗底下有一颗星星

星星底下有一棵树

树下有一张毡（zhān）子

毡（zhān）子底下有一个我

我底下有什么

我不告诉你

生：我不告诉你。（笑声一片）

师："我不告诉你"，读这最后一句，你有什么感觉？

生：不知道。

师：不知道？但我发觉你一直在笑，笑什么呢？

生：很有趣，很好玩。

生：读起来像绕口令。

生：很有意思。

生：我被欺负了。（全场爆笑）

师：哈哈，你被欺负得还蛮开心的嘛！最后一句很特别，很有趣！所以，我特别欣赏刚才那个男孩子，你看他跟作者想到一块儿去了，他绝对是一位非常优秀的诗人，掌声送给他。（掌声热烈）

师：像这样往下绕的故事，很多作家也写过。我再与大家分享一个故事，故事的题目是"要是你给老鼠吃饼干"，接下来可能会发生什么呢？我们来听听看。（逐页出示，师边讲述，生边预测）

师：要是你给老鼠吃饼干，他会要杯牛奶。等到你给他牛奶，他会想要什么呢？

生：奶酪。

师：（笑）一只贪吃的小老鼠，你觉得他想要什么呢？

生：他想要面包。

生：他想要一辆小汽车，拉着牛奶回去。（众笑）

师：小朋友很有想象力！生活中，小老鼠的确很爱吃，可这只小老鼠想的和你们不一样。

生：（抢答）我知道，他想要一根吸管。

师：你是怎么知道的？

生：平时，我们喝牛奶就要用吸管啊。（笑）

师：根据生活经验来预测，不错！（师继续讲述）吃完了，喝完了，他会要块餐巾。他还要照镜子，不要有牛奶沾在他的胡子上。他一照镜子，会看到他的头发得要剪一剪。他就会问你借把小剪刀。

生：（大叫）剪头发。

师：是的，等到头发剪好了，他会要把扫帚把地扫干净。他一动起手来，可就来劲了，把整座房子一个个房间都扫遍。不但扫，还会用水把地板大刷大洗！他干累了，会要睡会儿。这时候，他会想要什么呢？

生：牛奶。

师：又绕回去了，（众笑）为什么你会觉得他会想要牛奶？

生：他喜欢喝牛奶。

生：（抢答）不对，他需要被子。

师：你为什么这么认为？

生：因为睡觉时，需要被子，需要枕头，需要床。（生一口气说完，众笑）

师：（笑）你看，小老鼠的心思都被你猜中了。（师继续讲述）那你就得给他个空盒子做床，再加上毯子和枕头。他于是爬进盒子，躺得舒舒服服，还把枕头拍啊拍拍松。他还会请你给他念个故事。你只好拿出书来念给他听，这时他会想要看看书上的图画。他一看图画，起劲得要自己动手画一幅。他会要你给他纸和蜡笔。他动手就画起来。等到画画好，他要签上他的大名。这时候，他就会问你要——

生：要笔签上自己的大名。

师：难道你就是那只小老鼠吗？那么了解他。的确，他想要一支笔，一支钢笔。于是他要把他这幅画，贴到你的冰箱上。这就要用上——

生：胶带纸、胶布、钉子。

师：贴冰箱上用钉子？（一片笑声）

生：（大喊）胶带纸、胶带纸……

师：大部分人认为还是用胶带纸。（师继续讲述）等到他的画贴好，他会退后两步欣赏它。这么看着冰箱，他会想起来——

生：爸爸妈妈。

师：都想家啦！

生：哥哥姐姐。（笑）

师：差不多，有不一样的吗？

生：水、牛奶。

师：为什么你们认为是牛奶？

生：因为他渴了。

生：因为前面他想要喝牛奶。

师：于是，他会要杯牛奶喝。既然他要喝牛奶，自然就想起——（台下老师说"吃饼干"）

师：台下的老师都跟着预测了。（众笑）他又会想要——

生：牛奶。

师：你有没有发现要是给小老鼠吃饼干，他就会——

生：感谢。（众笑）

生：他会不停地向你要这个要那个。

师：如果让你来给小老鼠吃饼干画一幅图，你会画什么图形？

生：画一个圆形。

师：能说说你的想法吗？

生：因为他一直在绕圈，转着，转着，又转回去了。（掌声、笑声不断）

（板书）

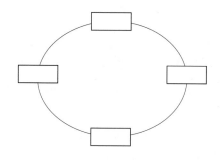

在比较中发现绕的异同

师：小朋友，刚才我们读了这些诗和故事，看看，（师指示意图）它们有没有什么共同点？

生：是绕的。

生：它们都像套娃一样，一圈一圈往下绕。

生：像绕口令一样。

师：你还发现了绕口令这个特点啊，了不起！

生：它们读起来很有趣，很好玩。

生：他们的理解和我想的不一样。

师：怎么不一样？说来听听。

生：第一个是里外绕，第二个是上下绕，第三个是绕圈圈。（掌声

热烈）

师：太了不起了！这女孩子发现同样都是绕，但绕的方式——

生：不一样。

创编往下绕的诗或故事

师：接下来，我们也来当当小作家，选择一种你喜欢的绕的方式，创作一首绕的诗或故事。小组合作，看哪组绕得好玩，绕得有意思。

（小组合作创编，争抢着展示）

师：有些组跃跃欲试，我们来看看大家的创作。

生：院子里有花坛，花坛里有花朵，花朵里有花香。

师：这首诗很有生活的味道，一直往下绕，特别棒！我喜欢。

生：中国包括河南，河南包括安阳，安阳包括林州，林州包括八小。（全场惊呼，掌声不断）

师：实在是太妙了！小作家就在八小二（2）班。你叫什么名字？

生：李雨霏。

师：等会儿给我签个名，了不起的作家！

生：大海里有鲨鱼，鲨鱼里有大鱼，大鱼里有小鱼，小鱼里有小虾，小虾里有海草。（笑声、掌声一片）

师：我发现八小二（2）班都是大作家，绕得一个比一个妙。（生争抢着，一生指着边上的男生）推荐他，是吧？（生点头）那好，你来。

生：桌子下面是凳子，凳子下面是足球，足球下面是地板，地板下面是大地，大地下面是泥土，泥土下面是蚯蚓。（掌声）

生：王国里面有城堡，城堡里面有花园，花园里面有花朵，花朵里面有蜜蜂，蜜蜂肚子里面有蜂蜜。（掌声）

师：给你们上课真是享受，绕得一个比一个精彩。

生：头下面是肩膀，肩膀下面是身体，身体下面是腿，腿下面是脚，脚下面是鞋，鞋下面是地板。（阵阵笑声）

师：原来，我们的身体也可以用来创作诗，太佩服你们了！（生争抢着）还有那么多大作家想展示啊！可是，下课时间快到了。（生不情愿）

最后两位。（生纷纷高举小手，站立起来）

生：学校里有教室，教室里有课桌，课桌里有书包，书包里有课本，课本里有汉字，汉字里有知识。（掌声雷动）

师：小朋友太会观察了，生活中的点点滴滴都可以拿来创作，写得真是棒极了！她写的是书包，我突然想起我儿子创作的一首《我的书包》。（师读前半部分）科学书的下面是什么？

（出示课件）

我的书包里第一本书是语文书

语文书的下面是数学书

数学书的下面是美术书

美术书的下面是音乐书

音乐书的下面是科学书

科学书的下面是——

生：（大叫）你猜猜。（众笑）

师：哈哈，他不猜啦，他最后写的跟别人都不一样，很臭美的，（出示最后一句）"可爱天真活泼聪明的我"。如果他还有更多的形容词，估计还会再加几个。（笑声一片）写诗时，如果最后一句写得不一样，写得好玩一点儿，那你的诗就更有味道，更有趣啦！（生一直举着小手，不愿放下）

生：蓝天下面是白云，白云下面是村庄，村庄下面是小河，小河下面是水草。

师：很美的一首往下绕的诗。（生呼喊"还有，还有……"）那么多人想展示，回去之后，你们可以将你们未展示的大作写在这张习作纸上，和你的家人、朋友一起分享，好吗？

继续阅读绕的故事

师：其实，像这样绕的作品还有很多，老师推荐你们读两本书，（出示书）一本是《打瞌睡的房子》，一本是《爷爷一定有办法》，送给你们。（生争抢着，师将两本书送给两个孩子）

生：（不甘心）我想看。

师：放心，会一圈一圈往下绕，绕到你那里的，每位小朋友都可以看到。（生笑）最后，在一个非常经典的绕的故事中结束我们这堂课。（师讲述）从前有座山，山上有座庙——

生：庙里有个老和尚，在给小和尚讲故事。

师：讲的什么故事呢？

生：（笑）从前有座山，山上有座庙，庙里有个老和尚，在给小和尚讲故事……

（课在笑声中结束）

"反复结构"的童话

【文章】

1. 《小壁虎借尾巴》（人教版一年级下册课文）
2. 《渔夫和金鱼的故事》（普希金）
3. 《犟龟》（米切尔·恩德）
4. 《七颗钻石》（人教版三年级下册课文）

【教学目标】

1. 借助结构图，发现四个童话故事中的反复结构。
2. 学习比较阅读，了解反复结构的基本特点。
3. 运用结构图，合作创编反复结构的童话故事，激发阅读兴趣。

【教学思路】

1. 交流阅读感受，发现反复结构。
（1）课前阅读四个反复结构的童话故事，交流读后体会。
（2）借助结构图，发现规律。
① 梳理《小壁虎借尾巴》的结构图。

② 自主选择，梳理其余三个故事的情节。

③ 借助结构图，发现童话故事中的反复结构。

2. 讨论反复结构，了解其基本特点。

（1）思考：童话故事中的反复情节能调换顺序吗？

了解童话故事中并列、递进两种反复结构。

（2）思考：反复结构的童话故事一般会反复几次？

了解童话故事反复的次数的特点。

（3）思考：童话故事一直这样反复下去，行吗？

感受反复结构的童话故事结尾的特点。

3. 运用结构图，合作创编故事。

（1）读故事开头，讨论：小猪会去干什么呢？

（2）四人小组合作，填结构图，口头创编反复结构的童话故事。

4. 拓展阅读创作，激发阅读兴趣

（1）联系课内外阅读，找一找曾经阅读过的哪些故事也是反复结构的。

（2）课后作业：

① 画一画：选择几个反复结构的故事，梳理结构图。

② 写一写：将小组合作创编的童话故事写下来。

【课例呈现】

读了这组故事，你有什么感受

师： 课前，老师请大家好好地读了读这些故事。来，请看大屏幕。我们一起来回顾这几个故事的题目。

生： "小壁虎借尾巴""渔夫和金鱼的故事""犟龟""七颗钻石"。

师： 你们读得很认真，连这个"犟"字这么难读都读准确了，真的很了不起。这么多故事中，你印象最深刻的是哪一个故事？

生：《小壁虎借尾巴》的故事我印象很深刻，因为这个壁虎很有趣。

生： 我喜欢《渔夫和金鱼的故事》，因为我非常深刻地了解到了渔夫妻子的贪婪。

生： 我对《犟龟》这个故事印象最深刻，因为这只小乌龟真的太坚强了，遇到这么多困难，这么长时间去做一件事情，我也要向它学习。

发现反复结构

师： 大家都读懂了故事。今天我们着重来理一下这些故事的情节。比如，第一个故事《小壁虎借尾巴》，请你们借助情节图（见图1）理一下这个故事的情节。

图1 《渔夫和金鱼的故事》情节结构图

（生借助情节图说故事情节）

师： 用这样的情节图，故事情节就一目了然，非常清楚。

师： 真棒，下面请你们尝试用这种方式给其他三个故事梳理情节。还有两个情节图供你们参考。（见图2、图3）

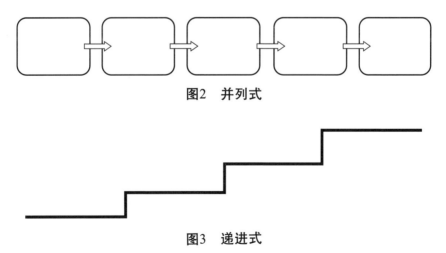

图2 并列式

图3 递进式

（生默读故事，填写情节图）

师： 理得差不多了吧，那我们每个小组派一个代表来呈现一下你们所梳理的故事情节图。

生：我理的是《渔夫和金鱼的故事》的情节。一、老太婆要老头子去向金鱼要一件像样的东西；二、老太婆要老头子去向金鱼要个木屋；三、老太婆要当个贵妇人；四、老太婆要做女皇；五、老太婆要做女霸王。

生：我理的是《犟龟》的情节。犟龟去参加狮王二十八世的婚礼，它遇到的第一个困难是蜘蛛笑话它爬得太慢，它遇到的第二个困难是蜗牛告诉它方向走反了，第三个困难是壁虎告诉它狮王的婚礼暂时取消了，第四个困难是乌鸦告诉它狮王死了。

生：我理的是《七颗钻石》的情节。故事里的小姑娘非常有爱心，一次次去帮助别人，水罐一次次发生变化，先是变成了银罐，接着变成了金罐，最后金罐里跳出了七颗钻石，涌出了水。

师：看着这些情节图，你有什么发现？

生：我觉得故事里的一个个情节都是差不多的。

生：这些情节有一条线把它们串起来，就像冰糖葫芦。

师：是的，这些故事有一个共同点：故事里有三四个差不多的情节，有一条线索将它们一个一个串联起来。这样的故事，我们叫它反复结构的故事。（板书：反复结构）

师：你以前读过的故事，哪些也是反复结构的？

生：《丑小鸭》。（简单讲述《丑小鸭》的故事情节）

生：我读过安徒生的《老头子做事总不会错》，它也是反复结构的。（简单讲述《老头子做事总不会错》的故事情节）

生：我们课文里的《小蝌蚪找妈妈》也是反复结构的。

并列式反复和递进式反复

师：这些故事里反复的情节，我们能不能调整顺序？比如，小壁虎先向老牛借尾巴，再向小鱼和燕子借尾巴。比如，小乌龟先被乌鸦告知狮王去世了，再被蜗牛告知方向走反了……行吗？

（生有的说"行"，有的说"不行"）

师：赶紧再去浏览一下这四个故事，小组内讨论。

（小组讨论）

师：谁来发表你的意见？

生：我认为《小壁虎借尾巴》的情节可以换，因为小壁虎借尾巴，无论先向谁借，都不影响这个故事。

生：是的，反正问谁借都不成功，只要把他自己的尾巴长出来的情节放在最后就可以了。

师：嗯，这样的反复结构，我们可以称为"并列式反复"。那么其他故事的情节也可以这样调整顺序吗？

生：《渔夫和金鱼的故事》的情节顺序不能换，因为老太婆先是要一个小东西，然后要房子，后来要当女王，欲望越来越大了。（板书：欲望）

生：《犟龟》的情节顺序不能换，小乌龟遇到的困难一个比一个大，如果换了，就反映不出来了。（板书：困难）

生：《七颗钻石》的情节顺序也不能换，因为故事里水罐的价值越来越大。（板书：价值）

师：是的，这些故事里的情节前后顺序不能随便调整，因为我们通过这些情节感受到故事里的人——

生：欲望越来越大了。

师：故事里的人——

生：遇到的困难越来越大了。

师：故事里的东西——

生：价值越来越大了。

师：像这样的反复结构，我们称为"递进式反复"。

创编反复结构的故事

师：今天，我们读了几个反复结构的童话故事，那么，我们自己能不能创编一个呢？并列式反复可以，递进式反复也可以。

师：老师给你们一个开头。开头是这样的：这一天，小猪觉得很无聊。"真烦。"他嘟囔着，"烦、烦、烦、烦、烦！总该有点儿什么好玩的事吧，我去找找看！"于是，他小跑着出去了……

师：好，请每一个同学发挥自己的想象，小组内合作，情节之间、开头和结尾之间都要有合理的串联。

（生自由讨论）

师：如果你们已经想好了，可以站在座位边上先练一练。

师：好，到了该讲的时候了，用掌声请出我们的第一小组。

生：（第一组）我们组故事的题目是"小猪学本领"。这一天，小猪觉得很无聊。"真烦。"他嘟囔着，"烦、烦、烦、烦、烦！总该有点儿什么好玩的事吧，我去找找看！"于是，他小跑着出去了。小猪来到了河边，见到一条小鱼在河里游泳，他对小鱼说："你可不可以教我学游泳啊？"小鱼开心地吐了一个泡泡，说："好啊，你下来吧，我教你学游泳。"可是小猪怎么学也学不会。//小猪走啊走，看见一只猴子在树上荡秋千，他觉得非常好奇，就对猴子说："你是怎么做到的？请你教教我。"可是小猪怎么学也学不会。//小猪走啊走，看见小鸟在树上歌唱，他觉得十分动听，就求小鸟教他歌唱，可是小猪怎么学也学不会。//慢慢地，天快黑了，小猪一样本领也没学会，他垂头丧气地回到家里。这时，羊来到他家里向他请教怎么拱地。小猪这才意识到他自己也有本领啊。

师：你们觉得他们讲得好吗？（生鼓掌）

师：对，请你们来说说看，你们这个故事用了哪一种反复？

生：并列。

师：好，有没有递进式反复啊？来，请第二组。

生：（第二组）这一天，小猪觉得很无聊。"真烦。"他嘟囔着，"烦、烦、烦、烦、烦！总该有点儿什么好玩的事吧，我去找找看！"于是，他小跑着出去了。//小猪跑进了草原，他看到很多很多的花朵，于是，他就摘了许多花朵插在自己头上。小猪快乐极了。//小猪又跑进了果园，看见树上有个又大又红的苹果，非常想吃。小猪经过多次练习，终于爬上了树，摘下了又大又红的苹果。小猪非常高兴，因为他学会了爬树的技能，还吃到了又大又红的苹果。//小猪走过田野，看见农民伯伯在耕田，他觉得农民伯伯很辛苦，于是他去帮了农民伯伯一把。农民伯伯笑了，小猪觉得很快乐。//小猪走过学校，看见小朋友们在玩，他觉得小朋友们此时此刻非常快乐，于是他走上前去，和小朋友们一起玩。放学的时候，小猪觉得自己非常快乐，快乐得无法形容了。

师：嗯，这个故事有点儿意思，每一个情节中小猪都找到了快乐，但获得快乐的原因是不同的，你们听出来了吗？

生：第一次快乐是因为自己好看了，第二次快乐是因为自己学会了本领，第三次快乐是因为帮助了别人，我觉得有点儿层层递进的感觉。

师：老师有两个课后小练习留给大家。第一个，选择几个反复结构的故事，学着梳理它们的情节。情节图表每个人都有一份，你可以带走，你的阅读材料上也有。第二个小练习是对刚才小组创编的这些童话故事进行完善。今天我们的课就上到这儿，谢谢你们，下课。

写"想"可以不出现"想"

【文章】

1.《学会看病》（毕淑敏，人教版五年级上册课文）

2.《剥豆》（毕淑敏，人教版五年级上册课后选读课文）

【课例呈现】

带"想"字的心理描写

师：同学们，今天我们学的课文是《学会看病》。这篇课文和我们本册中的另一篇课文《剥豆》极为相似。课前，老师已经让大家读过这两篇课文了。谁来告诉我，它们有哪些相同或相似的地方呢？

生：都是关于母爱的文章。

师：也就是说，两篇课文的主题是一样的。

生：都是教育故事。

师：分别是怎样教育的？

生：《学会看病》中的母亲让生了病的儿子独自去看病，锻炼孩子的独立能力；《剥豆》中的母亲在比赛中和儿子公平竞争，让儿子学会正确看待成功与失败。

生：这两篇文章还有一个共同点，它们的作者都是毕淑敏。

师：你们了解毕淑敏吗？（生摇头）

师：我们通过一段资料来了解她。（逐行出示毕淑敏的资料）

师：从这里可以看出，她既是一位作家，又是一位医生，还是一位心理咨询师。知道什么是心理咨询师吗？

生：就是专门帮人排解心理问题的。

生：当别人有了心理问题的时候，她可以帮助解决。

师：一位作家，必定很会写文章，而如果她又是一位心理咨询师，那么，她就必定很懂得写人的心理。所以，这两篇文章还有一个非常重要的相同点，就是都大量运用了心理描写。但是，同样是心理描写，这两篇文章在描写上又有什么不同呢？（生沉默，师出示表格比较）

《剥豆》	《学会看病》
"让儿子赢吧，以后他会对自己多一些自信。"这样想着，我的手不知不觉地慢了下来。	我的心立刻软了。是啊，孩子毕竟是孩子，而且是病中的孩子。
"不要给孩子虚假的胜利。"想到这些，我的节奏又紧了许多。	时间艰涩地流动着，像沙漏坠入我忐忑不安的心房。

师：两篇课文的心理描写有怎样的不同呢？

生：《剥豆》中的心理描写直接出现了"想"，而《学会看病》中没有。

生：《剥豆》中的心理描写很直接，一眼就能够看出来。

师：直接出现了"想"的心理描写很直接，也是大家平常最常用的。而《学会看病》中的心理描写虽然没有出现"想"字，但也能够让我们读

出是心理描写。对吗？（生点点头）

师： 这节课，我们就重点来学习《学会看病》中的心理描写。

"独白式"的心理描写

师： 翻开《学会看病》这篇课文，画出课文中心理描写的句子，并思考：从这些句子中，你读到了母亲怎样的心理？

（生画、圈、写，约5分钟）

师： 看得出来，大家的学习效率很高。和我预想的一样，很多同学都画到了这一段。我们先来看看这段话。

从他出门的那一分钟起，我就开始后悔。我想我一定是世上最狠心的母亲，在孩子有病的时候，不但不帮助他，还给他雪上加霜。我就是想锻炼他，也该领着他一道去，一路上指点指点，让他先有个印象，以后再按图索骥。这样虽说可能留不下记忆的痕迹，但来日方长，又何必在意这病中的分分秒秒呢？

师： 有个词我们要注意一下：按图索骥。

生： 按图索骥。

师： 从这段话中，你读到了母亲怎样的心理？

生： 后悔。（生板书：后悔）

生： 我从"雪上加霜"中看出母亲很自责。（生板书：自责）

师： "雪"和"霜"在这里分别指什么？

生： "雪"是指孩子生病了，"霜"是指让他独自去看病。

生： 我也觉得母亲当时很自责，我是从"不但不……还"这对关联词中感受到的。

生： 我还读到了母亲很担心。（生板书：担心）

生： 我觉得，母亲还很惭愧。（生板书：惭愧）

师： 同学们，短短的一段话中就包含了这么复杂的心理。作者把儿子出门之后母亲的心情写得非常细腻、生动。我们重新边读边体会母亲这种复杂的心理。像这样的句子刚才大家还找到了很多，我们继续交流。

生：我从"这样逼问一个生病的孩子也许是一种残忍。但我知道，总有一天他必须独立面对疾病。既然我是母亲，就应该及早教会他看病"几句中感受到母亲由后悔到坚定。（生板书：后悔、坚定）

生：我从"时间艰涩地流动着，像沙漏坠入我忐忑不安的心房。两个小时过去了，儿子还没有回来。虽然我知道看病是件费时间的事，但我的心还是疼痛地收缩成一团"几句中读到母亲的忐忑不安。（生板书：忐忑不安）

生：我从"我看着他，勇气又渐渐回到心里。我知道应该不断地磨炼他，在这个过程中，也磨炼了自己"几句中感受到母亲重新又变得坚定。（生板书：坚定）

……

语言中藏着心理描写

师：同学们，读着读着，我们读出了这篇文章这么大的一个写作特色——有大量的心理描写。但事实上，还有些心理隐藏得很深，作者没有直接写出来，但它们藏在母亲的语言当中。我们再去读一读母亲的语言，你又能读到母亲怎样的心理？（生同桌读母子对话，3分钟左右）

生：我从三个"假如"中感受到母亲很坚定。（生板书：坚定）

生：我从母亲喋喋不休的一番交代中感受到母亲的担忧。（生板书：担忧）

师：我们找到母亲喋喋不休的这番话，看看母亲交代了哪几件事。

生：打车、挂号、买病历本、量体温……

师：这么多的事，母亲却是一口气说完的，并且还没有要停止的意思，这就叫作——

生：喋喋不休。

师：我们要读准这个词语。

生：我还从"'正是。'我咬着牙说，生怕自己会改变主意"中感受到母亲的不忍。

……

师：（指板书）同学们，我们往这儿看。从一开始得知儿子生病时的担心，到让儿子出门看病后的后悔、自责、惭愧……到等待过程中的忐忑不安，再到儿子回来之后的那份坚定。（边说边用线将词语连起来）

师：老师这样一连，一眼就可以看出母亲的心情是如此起起伏伏、千回百转。这高低起伏的样子，多么像医生给病人检查心脏时的心电图啊！从这张曲折的图中，你又能读懂些什么呢？

生：我觉得是因为母亲太担心儿子，才会有这么多心理变化。

生：从这一连串的心理变化中，我感受到母亲时时刻刻把孩子放在心上。

生：我觉得，无论是哪种心理变化，其实都是母亲对孩子的爱。

生：心理变化越多，说明母亲对孩子的牵挂就越多。

生：无论如何，母亲的出发点就是为了让儿子学会独立。

师：是啊，写的是心，表达的是爱，这是这篇文章很重要的一个写作特点。正如母亲自己在文章的最后所说的那样。

孩子，不要埋怨我在你生病时的冷漠。总有一天，你要离我远去，独自面对生活。我预先能帮助你的，就是向你口授一张路线图，它也许不那么准确，但聊胜于无。

（学生齐读）

心理描写练习

师：同学们，你们看，心理描写的方法是很多样的。可以像《剥豆》中直接出现"想"，也可以像《学会看病》中的独白式，还可以让心理包含在人物的语言中。其实，这篇课文用大量笔墨写了母亲的心理，却独独没有写到儿子的心理。其实，儿子在看病的过程中同样想了很多。到书本合适的地方补上儿子的心理活动。可以是出现"想"的直接描写，可以是内心独白，也可以通过语言来衬托心理。

（生练习写话，约5分钟）

生：当母亲逼着"我"去看病时："妈妈今天是怎么了？她自己不是医

生吗？怎么让我一个人出去看病？她是不是在和我开玩笑？可是，看她这么认真的样子，又不像是在开玩笑。我真的要去看吗？"

生：当"我"在医院时："妈妈呀妈妈，你可真够狠心的。我拖着疲惫的身体跑上跑下的，可把我给累的！不过幸好，大家看在我是个孩子的份儿上，都让着我，让我看病顺利了不少。"

生：在看完病回家的路上："真没想到我竟然真的自己能看病了！妈妈，你知道吗？我突然觉得自己好伟大！我一定要把这事告诉我的同学，不过，不知道他们会不会相信。我终于知道了，妈妈是为了让我成为真正的男子汉才这样做的！"

……

师：从你们写的话中，我知道了，儿子渐渐懂得了母亲的爱。就算他现在不懂，终有一天也会懂的。那么，你们呢？在你们的生活中，你们的父母曾对你们有过这样的爱吗？

生：有。我做数学题遇到难题时，我妈妈让我自己想办法解决。

生：我骑车摔倒了，妈妈也是让我自己爬起来。

生：有一次，我到外地的叔叔家，妈妈让我一个人坐车去的。

……

师：是的，有一种爱叫作放手。如果你们真的懂得了父母这种放手的爱，那么，用你们的朗读声来告诉我吧！

妈妈，我不会埋怨你在我生病时的冷漠。总有一天，我要离你远去，独自面对生活。你预先能帮助我的，就是向我口授一张路线图，它也许不那么准确，但聊胜于无。

（学生齐读）

师：毕淑敏有很多作品都值得一读，我们可以去找来读读看，我们也可以这样比较着读，读的时候，也别忘了多多关注里面的心理描写。下课！

通过群文学阅读

通过一篇一篇文章也是可以教阅读策略的。

已故台湾学者赵镜中是教阅读策略的倡导者和践行者。

《鲸》教学目标：

1．了解读知识性文章的一般程序：阅读前我已经知道了什么？阅读之后我知道了什么？阅读之后我的新问题是什么？

2．学习利用KWL表来整理自己的想法，为读知识性文章做准备。

3．学习配合自己的问题有针对性地阅读知识性文章。

《这片土地是神圣的》教学目标：

1．初步理解宣言的文体特色——宣言是国家、政党或团体，为表明自己在重大问题上的立场、政策、要求、做法等而发表的文告。宣言里多有直述、肯定、论断式的句子（有点儿像格言）。

2．借助宣言的文体特色，帮助理解——通过抓关键句帮助自己梳理宣言的主要观点。

3．对人与大地的关系，进行深度探讨。

看了上面的教学目标，你就会发现赵教授教《鲸》就是教学生怎么读知识性文章，教《这片土地是神圣的》就是教学生怎么读宣言类文章。赵教授认为，阅读课就是要教阅读策略，让学生以后凭此策略能独立阅读此类文章。一味让学生自己感悟，在某种程度上是一种不负责任。

与通过一篇文章教阅读策略相比，通过多篇文章教阅读策略是有其先天优势的。

比如，我们把类似的文章，如《松鼠》《蚂蚁》，和《鲸》放在一起。就可以先以《鲸》为例教学生怎么读知识性文章，然后让他们通过其他文章练习。没有练习，光说不练，策略是不可能内化的。

比如，我们把科普说明文《鲸》和专业书里对鲸的科学论述，以及一篇关于鲸的短篇小说放在一起阅读，就可以练习比较的阅读策略，让学生通过比较感受不同文体的特征。

我组建的群文阅读研究团队开发了较多这种指向阅读策略的课例。例如，让五年级的孩子通过四个古代民间爱情故事学习比较的阅读策略。例如，让五年级的孩子学习"抓住诗词中的矛盾读懂诗"。例如，让六年级的孩子通过阅读一部小说和一个绘本学习"透过情节看想法"，读出故事的象征意义。

比较后的惊喜发现

【文章】

1.《牛郎织女》（叶圣陶）
2.《孟姜女哭长城》（民间故事）
3.《梁山伯与祝英台》（民间故事）
4.《白蛇传》（民间故事）

【教学目标】

1．梳理情节，发现中国民间爱情故事情节上的特点。
2．比较阅读，探究中国民间爱情故事的创作特点及原因。
3．批判阅读，讨论现代爱情价值观。

【课例呈现】

交流阅读感受，梳理故事情节并回顾精彩片段

1．呈现四个故事的题目（课件出示四个故事的图片，帮助学生回顾内容）。

师：昨天，王老师给你们发了这四个故事（课件出示四个故事的题目），这四个故事都是中国古代的民间故事。相信从小到大你们一定读过很多民间故事。比如，《神笔马良》讲的是关于神奇宝物的故事，《西门豹》讲的是惩恶扬善的故事。

2．归纳四个故事的主题。

师：今天我们要读的这四个民间故事都是关于什么主题的呢？（板书：爱情）

师：所以这四个民间故事又叫作——（课件出示）中国民间爱情故事。

师：今天这节课我们要通过比较、讨论、发现的方式聊一聊咱们中国古代的"爱情"。

借助情节梯，梳理故事内容，发现创作特点

1．梳理四个民间爱情故事的情节图。（课件出示情节图，帮助学生梳理故事的情节）

故事名称	男主人公	女主人公	阻挠者	经历的磨难	结局
牛郎织女					
白蛇传					
梁山伯与祝英台					
孟姜女哭长城					

2．教师带领学生梳理《牛郎织女》的情节。

师：让我们先走进《牛郎织女》这个故事，梳理下这个故事的主人公和情节。

3．请你也学着用简单的词语来概括下面三个故事的情节，可以吗？小组合作，选择字写得又快又好的同学做记录。

4．依次交流、反馈四个故事的大致情节。

故事名称	男主人公	女主人公	阻挠者	经历的磨难	结局
牛郎织女	牛郎（放牛的农民）	织女	王母娘娘	被迫拆散、分离	鹊桥相会
白蛇传	许仙（郎中）	白素贞	法海	被打入雷峰塔永不能相见	雷峰塔下重逢
梁山伯与祝英台	梁山伯（书生）	祝英台	祝员外	求婚被拒，含恨而死	化蝶而去
孟姜女哭长城	范杞梁（书生）	孟姜女	秦始皇	丈夫惨死，千里寻夫	投江殉情

5．发现问题，引发思考。

师：看着这张情节图，你有哪些新的发现？（小组讨论）

生：我发现他们的爱情都有一个很有实力的人从中阻挠。

生：我发现他们的爱情都经历了很多困难。

生：我发现他们的爱情结局大都有悲剧色彩。

生：我发现爱情故事中都是女强男弱。

……

中外爱情故事比较阅读，探究中国民间爱情故事的创作特点

1．出示外国爱情故事情节图，引发学生比较思考。

师：这四个民间爱情故事尽管背景、时代完全不同，但是在创作中却出现了惊人的相似。为什么中国古代爱情故事都有这样相似的模式呢？那外国的爱情故事是不是也是这样的模式呢？老师也找了一些家喻户晓的外国爱情故事来做比较，请你看表格。（课件出示表格，帮助学生进行中外爱情故事比较）

故事名称	男主人公	女主人公	阻挠者	经历的磨难	结局
灰姑娘	王子	小女儿	继母	继母虐待、姐姐欺凌	王子和公主从此幸福地生活在一起
白雪公主	王子	公主	王后	王后多次陷害	
睡美人	王子	公主	女巫	女巫下了诅咒	

2．请对比这两张表格，你发现中国的爱情故事和外国的爱情故事有什么不一样吗？

生：外国的主人公大都是王子和公主，而中国的人都是仙女、神女和穷小子。

生：外国的故事结局都是幸福地生活在一起，而中国的大都是以悲剧结束。

3．归纳小结中国民间爱情故事的创作特点。

中国民间爱情故事的情节更为曲折，男女主人公地位悬殊（创作基于现实），结局丰富多样。

重读情节，聚焦磨难，体会文学作品中人物之间的感情

师：重读故事，找找主人公面对各种磨难时哪些情节让你感动，画出相关语句，想一想为什么让你感动。

1．《孟姜女哭长城》哪个情节触动了你的内心，让你有一种心痛的感觉？

语段一：孟姜女千里迢迢，踏上路程。一路上跋山涉水，风餐露宿，不知饥渴，不知劳累，昼夜不停地往前赶……

（1）指名朗读、集体朗读。

（2）体会民间故事语言的特点，感受孟姜女寻夫一路的艰辛。

语段二：孟姜女冷笑一声道："你昏庸残暴，涂炭天下黎民，如今又害死我夫，我岂能作你的妃子，休想！"说完便怀抱丈夫遗骨，跳入了波涛汹涌的大海。

（1）细读语言描写，感受孟姜女对爱情的执着和坚定，不为荣华富贵所动，忠贞不渝。

（2）细读环境描写，感受孟姜女投江殉情的那种悲壮。

2．教师范读《梁山伯与祝英台》结尾。看到此情此景，你有什么话想和大家分享吗？

（1）交流分享。

生：最后化为蝴蝶实现爱情，一种凄美的结局，堪称中国的经典爱情。

生：不能同生但求同死，体现了两人真挚的感情，不管生与死，两人都无法被拆散，都永不分离。

生：尽管最终两人化作蝴蝶相聚了，但是这种结局太过悲伤，令人惋惜。

（2）观看电影《梁祝》化蝶片段。

（3）总结主人公对真挚感情的执着：勇于追求、不畏强暴、不为名利、不怕曲折。

批判阅读，比较古今爱情观的差异

1．再次阅读情节图，思考：这样的民间爱情故事在我们现代社会还可能发生吗？或者说还多吗？

2．作为现代人，或许我们的爱情观和古代比已经发生了很大改变，但是每当我们读到这些经典的爱情故事时总会被故事中的人物所感动。无论哪朝哪代，对美好爱情的追求和向往是永远都不变的，这也是今天我们再来读这些民间爱情故事的价值所在。让我们一起再一次走进这些凄美的爱情故事，想一想，你觉得真正的爱情是什么呢？

结束语

爱情是人类亘古不变的追求，也是永远也谈论不完的话题。真正的爱情到底是什么呢？相信你长大了会有更多的思考和体会。

推荐阅读中国古代爱情主题作品《西厢记》《桃花扇》《天仙配》《牡丹亭》。

抓住矛盾读懂诗歌

【文章】

1. 《黄鹤楼送孟浩然之广陵》（李白）
2. 《渔歌子》（张志和）
3. 《面朝大海，春暖花开》（海子）

【课例呈现】

抓住矛盾读懂《黄鹤楼送孟浩然之广陵》

（课前观看、学习视频《黄鹤楼送孟浩然之广陵》，并开展自学）

小朋友们，今天我们来学一首古诗——《黄鹤楼送孟浩然之广陵》。李白和孟浩然是好朋友，在阳春三月里的一天，孟浩然向李白辞别，孟浩然要去哪里呢？我们看题目里的"之"，就是去、往的意思，孟浩然要去的地方就是广陵，也就是诗中提到的扬州。那么他们在哪里告别呢？小朋友们肯定已经发现了，就是黄鹤楼这个地方。古人远行，最主要的交通工具就是船。孟浩然在长江边上的黄鹤楼向李白告别，坐船去很远很远的扬州。李白站在岸边，一直看着好友的帆船越行越远，直到消失在尽头。《黄鹤楼送孟浩然之广陵》这首诗可以说是"送别诗"的代表作，很多人都喜欢吟诵，也有很多人尝试给诗配画。这里有两幅配画，小朋友们看出来最大的区别是什么了吗？对啦，一幅图中长江上只有孤零零的一条帆船；另一幅图中，画了很多帆船。一时间关于当时长江上是孤帆一片还是帆影点点争论不休。小朋友们，你们认为哪一种更符合当时的实际情况呢？

师：大家已经通过视频学习了《黄鹤楼送孟浩然之广陵》，对吗？学习中我们思考了一个问题：当时长江上是孤帆一片，还是帆影点点？现在越来越多的人更倾向于当时长江上是非常热闹，有很多船的。请你分析分析，为什么有很多船更符合当时的实际情况。

生：古人最主要的交通工具是船，所以有很多船在江面上才对。

生：当时应该有很多人去远游，或工作，或捕鱼，所以江上是有很多船的。

生：当时长江基本上贯穿了大半个中国，长江是运输货物的一条主要航线，所以长江上应该有很多船，而不是一条船。

师：小朋友们真会分析。这么看来，当时长江上应该是船来船往非常热闹的。既然当时长江上是千帆竞渡，那么李白说"孤帆远影碧空尽"，这不是矛盾的吗？（板书：矛盾）抓住这个矛盾想一想，李白通过它想要表达什么？

生：李白与孟浩然的友谊很深，所以他只看到了孟浩然的船。

师：即使长江上船有很多，可我的眼里只有你，是这个意思吗？（生点头）

生：孟浩然是李白很重要的朋友，孟浩然要走了，李白很舍不得，所以李白只写孟浩然的船，表现依依不舍之情。

师：很好。小朋友们，当我们读古诗的时候会发现有些诗里是有矛盾的，抓住矛盾停下来想一想，就能更好地体会诗人想要表达的意思、情感。（板书：意思、情感）

抓住矛盾读懂《渔歌子》

师：小朋友们的水平非常不错，我们再来试一首好吗？增加一点儿难度，来读一首词——《渔歌子》。大家读一读，借助注释想想词句的意思，再找找词中矛盾的地方。（生自学并寻找矛盾点）

师：发现矛盾的地方了吗？

生：词的第一句说"西塞山前白鹭飞"，最后一句说"斜风细雨不须归"。下雨了，鸟应该不会飞出来了。

师：如果白鹭下雨天在飞，它是要飞到哪里去？

生：飞到窝里去。

生：我有疑问，"斜风细雨"了，为什么还不想回家？

师：是啊，刮风了下雨了，我们的第一反应是回家避雨，可词人却说不想回家，这确实有点儿矛盾。（板书：不须归？）

师：小朋友们发现了这处矛盾，其实这首词里还有一个更大的矛盾，你们没有发现，不过也不怪大家，因为你们没有见过蓑衣、箬笠。如果见过，肯定能发现。（出示箬笠、蓑衣的图片）

生：箬笠不是青色的，蓑衣也不是绿色的，词人却说是青箬笠、绿蓑衣。

师：箬笠和蓑衣一般是什么颜色的？

生：黄色的、棕色的。

师：又有疑问了：张志和为什么要把黄色、棕色的箬笠、蓑衣说成青的、绿的呢？（板书：青、绿？）

师：四人小组讨论讨论，想想对这两个矛盾的理解。

（生四人小组讨论）

师：刮风了下雨了，词人为什么"不须归"呢？

生：下雨的时候，天气比较闷热，鱼都游到水面上来了，能钓到更多的鱼。

师：哦，钓鱼更容易，所以不想回家。

生：下雨的时候西塞山的景色和平时不一样，可能还有雨雾什么的，词人觉得很美，不舍得回家。

师：词人留恋美景，所以不想回家。

生：我觉得词人不想回家是因为沉浸在钓鱼的乐趣中。

师：好的。那为什么把箬笠、蓑衣说成青的、绿的呢？

生：是因为周围的环境和词人已经融合在一起了。

师："融合"这个词用得很好，谁还有别的补充？

生：青箬笠、绿蓑衣，可能是他看到的自己在水里的倒影。

生：我有补充，我觉得是周围的绿树倒映在水中，张志和从波光粼粼的水中照见自己的样子，看起来是"青箬笠、绿蓑衣"。

师：小朋友们的想法都很好，很有意思。大家发现了吗？如果我们把"青箬笠，绿蓑衣"和"斜风细雨不须归"这两句联系起来，还能发现词人用这两个富有生机的词，想表达一种快活的心情。我们去读读别的古诗词也能发现，当用到"青""绿"这些词的时候，往往是高兴的、愉快的。

例如，刘禹锡在秋夜月光下看到洞庭湖的优美景色，写下的这句——

生："遥望洞庭山水翠，白银盘里一青螺。"

师：还有杨万里赞叹杭州西湖夏季美景的——

生："接天莲叶无穷碧，映日荷花别样红。"

师：再如我们非常熟悉的——

生："白毛浮绿水，红掌拨清波。"

师：写《渔歌子》的时候，张志和也是非常快活的，他辞去官职，归隐山林，终于可以不理世事，过上悠然自得的日子，内心是多么轻松自在啊！他把这份快活的心情浓缩在这首词里，轻轻地读一读，感受一下张志和的快活。（请学生读）

抓住矛盾读懂《面朝大海，春暖花开》

师：小朋友们，古诗词里有矛盾，现代诗里有没有矛盾呢？我们再来读一首现代诗《面朝大海，春暖花开》。听老师读一读，把你觉得矛盾的地方圈起来。

（师读，生边听边圈）

师：小朋友们很厉害，在短短的时间里发现了这首诗里很多矛盾的地方。现在你可以离开座位和你的朋友、你信赖的人交流一下，交流两到三个人，然后回到座位上。

（生离开座位交流，师巡视）

师：说说发现了什么矛盾。

生：他说要做一个幸福的人，为什么要喂马、劈柴？

生：我的问题是为什么要给陌生人祝福。

生：他为什么要给每一座山、每一条河取个温暖的名字？世界上那么多山、那么多河，他怎么可能给每一个都取名字？

师：我的问题是他给了陌生人那么多祝福，为什么不祝福自己，自己只愿面朝大海，春暖花开？

生：面朝大海，怎么能看到春暖花开呢？看到的应该是大海。

生：他前面说"喂马、劈柴，周游世界"，这样有很多事情要做。后面又说"只愿面朝大海，春暖花开"，好像什么都不想做。前后有矛盾。

生：我觉得两个"从明天起"有矛盾，为什么不从今天起，一定要从明天起呢？

师：小朋友们有太多太多的发现，但是今天课堂时间有限，我们重点讨论其中的三个问题吧。面朝大海，怎么能看到花儿呢？海子那么想做个幸福的人，为什么非要从明天起，而不从今天起？给了别人那么多祝福，为什么没有祝福自己？（板书：海——花？从明天起？只愿？）四人小组讨论讨论怎么理解这三个矛盾的地方。

（生小组讨论，师巡视）

师：让我们来听听你是怎么理解这些矛盾的地方的。

生：关于"面朝大海，春暖花开"这个问题，我是这么想的，诗人面朝着大海，他的心里很温暖，很高兴，代表着春暖和花开。

生：只有今天努力，才有明天的幸福，我是这样理解"从明天起"的。

生：我补充他的，明天要做个幸福的人，今天要做些准备。

生：我要修改他的说法。因为今天过完了，明天又变成了今天，他永远做不了这个幸福的人。

师：你真厉害，能有这样的思考和发现。

生：我觉得"面朝大海，春暖花开"，这个花是他心里的花，乐开了花。

生：我补充一下，面朝大海看到大海很宽阔，感到自己的前途也很宽广，所以内心很喜悦。

生：我想说他给陌生人祝福是希望每一个人都幸福，而没有给自己是不想太贪心。

师：你读到了一个善良的海子。

生：我要补充。他前面说要做个幸福的人，喂马、劈柴什么的，他觉得自己很幸福了，所以把祝福给别人了。

生：我要补充"从明天起"的问题。可能是他像《渔歌子》里的张志和一样，从明天开始辞掉官职自由自在。

生：我要补充给陌生人祝福的问题。海子可能觉得给陌生人祝福，帮助别人，也是让自己幸福的一种方式。

师：小朋友们非常了不起，对这三个矛盾能给出自己的思考、理解。但是刚才交流的时候有同学说"我实在想不出来"。其实遇到问题是很正常的。当遇到自己和同伴都解决不了的问题时，我们可以查资料，这些资料能帮助我们解答疑惑。今天在课堂上没有办法马上查，老师帮大家找了三份资料（课件出示）。如果由于时间关系，你只能读其中一份，你会读哪一份？为什么？

生：我会选海子的生平，因为海子写这首诗可能和他的生活情况有关系。

生：我选的是海子的诗句，因为可以从他写的其他诗里知道海子是乐观的人还是悲观的人。

师：通过其他的诗来了解诗人。

生：我也选海子的生平，因为可以从他的生平和当时的生活状况，推测出海子是以一种怎样的心情来写这首诗的，以及想表达什么样的情意。

师：好的，你们的抽屉里有一个信封，里面就是三份资料。你觉得哪一份最有用就先读哪一份，还有时间就读其他的。

（生默读资料）

师：读完资料之后对这首诗有新的理解吗？

生：海子一生都生活在不幸中，他觉得自己很难获得幸福，所以他把祝愿都给了别人，没有留给自己。

生：我有新的理解。"只愿"是诗人沉痛的独白，他觉得自己是不可能得到幸福的，所以他把美好的祝福都给了别人，只愿自己平平淡淡地过完这一生。

生：我有补充，我觉得诗人把祝福都给别人是因为诗人希望自己得不到的幸福别人能够得到。

师：多么善良的海子，多么善良的你！

生：当太阳升起时，明天又会变成今天，海子永远也没有办法实现幸福，他是很悲观的。

（还有学生要说）

师：小朋友们，我知道你们还有很多想法要表达，但是下课的铃声马上就要响了。这首诗和这些资料，大家可以带回去继续读。

师：今天这节课我们读了三首诗歌，这三首诗歌中都有矛盾的地方，抓住这些矛盾停下来想一想，就能发现诗人通过矛盾想要表达的意思、情感。其实不单单是我们今天读的三首诗歌，其他诗歌或文章里也有矛盾，希望大家在以后的阅读中运用这种方法——抓住矛盾想一想。老师给大家打印了《约客》《三衢道中》《梧叶儿·嘲谎人》三首诗歌，请大家课后去找找矛盾，有发现欢迎来和我交流。

透过情节看想法

【文章】

1.《无字书图书馆》（整本书，法布拉/著　李竞阳/译）

2.《神奇飞书》（奥斯卡获奖电影短片）

3.《传统的纸质书籍会彻底消失》

4.《纸质书不会消失》

【课例呈现】

师：今天，我们一起聊聊书。蒋老师带了两本书，这两本书很特别，你一翻就知道这两本书特别在哪里了。

生：这两本书里面没有字，没有插图，是空的，是"无字书"。

师：为什么这两本书里没有字呢？

生：因为很多人长时间没读这两本书。

生：可能是字掉下来了。

生：可能是印刷厂印刷的时候出错了。

师：还有其他可能吗？

生：有可能是这两本书故意没有印上字，然后给读者创造一种神秘感。

了解阅读策略——透过情节看想法

（阅读材料：《无字书图书馆》）

师：你说得没错。因为蒋老师想做两本道具书，上课的时候给大家一个惊喜，所以我托出版社的朋友做了这两本书，倒不是工人马虎忘记把字印上去了。《无字书图书馆》这个故事里，也有很多"无字书"，那些书上没有字又是什么原因造成的呢？

生：原因是这本书长时间没有人看了，书里面的字就掉下来了。

师：好，你说的这个情节很特别，你说这样的情节在生活当中可能发生吗？（生答"不可能"）所以《无字书图书馆》是一部幻想小说。那么，你们有没有想过，一个作家为什么要写现实中不可能发生的故事？他想通过这个故事告诉我们什么呢？

师：读这样的故事，我们可以想办法透过情节去了解作者的想法。怎么了解呢？一般有三种途径。有时，作者会直接把自己的想法写在故事里；有时，作者会借故事里某一个人物的嘴巴把自己的想法说出来；还有一种可能，他没有直接写，也没有借人物的嘴巴说，索性不说，就只给你讲故事。你觉得《无字书图书馆》属于哪一种情况呢？

生：第二种，作者借故事中人物的嘴巴来说。

师：那我们来回忆一下《无字书图书馆》这本书里面有哪些人物。

生：里面有一个教授。

生：车站的站长。

生：还有本杰明镇长。

生：本杰明镇长的女儿。

生：本杰明镇长的老婆。

……

师：这篇小说里有好多人物，作者是借里面哪个人物的话来表达自己的想法的呢？

生：就是那个教授。

师：嗯，教授在这个故事里面说了一大段话，教授说的话其实就是作者想说的话。翻一翻书，看看这段话在哪一页。（生答"在44、45页"）

现在请你们静下来看44、45页，一边看一边思考作者想表达什么观点。

师：作者想表达什么观点呢？一节课里，能站起来和大家交流的毕竟是少数。下面，先自己跟自己说，用简短的话说，一两句话就可以。

（生自言自语尝试）

师：好，在我把话筒递给某一个同学之前，请你和你的组员讨论这个问题，交流你的想法。

（小组讨论）

师：现在话筒递到你面前时你应该说话，因为你在内心跟自己说过了，跟同伴也聊过了，你再不说话就太不给面子了。（笑）你觉得教授想表达什么观点？

生：因为没有人去看书，所以这个图书馆里所有的书，因为悲伤和孤单都死了。

师：还有没有不同意见？

生：我有不同意见，我认为这里教授主要是想说——一个人死了，就是灵魂离开且肉体腐烂；一本书没人读的时候也是死了，因为它无聊，字就消失了。

师：但我还是有点儿不太理解，书怎么能用"死"来描述呢？书本来就没有生命，"书死了"是什么意思？

生：我觉得一本书融合了作者的智慧，融合了作者的心情，它也是有生命的，也是有灵魂的，所以说没人看它，它也会死的。

生：我的看法不同，我认为书只有人们去看的时候是活着的，当人们不去看它的时候，它就没有意义了。

师：哦，我听懂了。"如果一本书没人看就死了"的意思是，如果一本书没人看，这本书就没有意义了。这是一种象征的说法。所以，有时候我们可以透过情节去了解作者的想法。这是一种阅读策略。

情节	作者的想法
图书馆里的书，没人看，字都掉下来了	一本书如果没人看，就没有意义

练习阅读策略——透过情节看想法

（阅读材料：《神奇飞书》）

师：但是，蒋老师想告诉你"方法"必须反复练习。下面，我们就来练习一下，看一部由幻想小说改编的电影——《神奇飞书》。你这次"看"要带有明确目的——弄清楚作者想通过那些神奇的情节表达什么想法。

生：明白。

（播放短片《神奇飞书》前半部）

师：透过情节你看到导演的想法了吗？请你们根据这张表格来讨论、梳理。

（生讨论、梳理）

师：现在先请一个小组上来汇报，提醒两点：第一，别人发言的时候，请你仔细听，一边听一边判断你的想法有没有被他讲掉，如果有补充，你再举手。第二，你是代表你们小组发言的，希望你的言谈举止中，能够体现这一点。

生：现在，我代表我们小组汇报我们的发现，下面这些发现是我们小组同学一起想出来的。

情节	作者的想法
当书里的字被风刮走时，每个人都愁眉苦脸的	人类需要知识，需要文化
一个女孩拿着书，带着微笑在飞翔	人会因书变得快乐、满足
男主角原来全身都是彩色的，后来没有书了，就变成黑白的了	没有知识、文化，生活、心灵变得灰暗
男主角从灰暗再次变成彩色的	因为得到了知识、充满了希望，精神上得到了满足，又有了色彩
一个古老的书本濒临死亡，男主角想了很多办法都救不活它，后来男主角看书，书复活了	一本书，只有有人读它，它才有生命，才有存在的价值

师：一共讲了五条，对不对？他们在透过情节揣摩导演的想法，还有没有其他发现？

生：我们有补充，小姑娘和飞书给世界带来色彩那个情节，我们觉得是书给了世界色彩和光明，赶走了黑暗。

生：我发现那场风暴里面大多都是电视机、电脑之类的电器，我们觉得它象征着我们现在正在面临一场"电子风暴"。

……

师：现在马上搜寻你的阅读经历，有哪一本书大致也是这样的，作者想通过奇幻的情节表达自己的想法？

生：我觉得《毛毛——时间窃贼和一个小女孩的不可思议的故事》是这样一本书。

生：我觉得蒋老师推荐的《5月35日》也是这样一本书。

生：还记得有一本获国际大奖的小说《魔镜》也是这样的。

生：罗尔德·达尔的《詹姆斯与大仙桃》。

……

书中的观点一定要接受吗

（阅读材料：《传统的纸质书籍会彻底消失》《纸质书不会消失》）

师：好，刚才我们透过情节看到了作者的想法、作者的观点。那么，这些观点我们是不是一定要接受呢？

生：不一定。

师：可以接受，也可以不接受。例如，《无字书图书馆》的作者在书里表达了这样一个想法——纸质书不会消失。这个观点你同意吗？

（生有的同意，有的不同意）

师：观点可以同意，可以不同意，但不要轻易决定。决定之前先想一想。例如，当你看到"纸质书不会消失"的观点时，可以正反两个方向都想一想。下面两篇文章，观点是截然相反的，一篇主张纸质书肯定会消失，一篇主张纸质书肯定不会消失。

（生阅读）

师：下面我们来辩论。正方观点是"纸质书将消失"，请你们在小组里讨论，结合刚才读的文章梳理理由。反方观点是"纸质书不会消失"，请你们在小组里讨论，结合刚才读的文章梳理理由。

（生讨论）

师： 好，下面我们开始辩论。

生： （正方）我是从科学角度来说的，纸不易保存，放久了会发霉，沾到水就烂了。

生： （正方）我是从环保角度来说的，因为印书要砍伐很多树木，而电子书既能保存得比较久，又省墨省纸很环保。

生： （正方）时代不同，我们所读书的材料也是不同的，从最开始的龟壳、竹简到现在的纸质书，电子书有一天也终将代替纸质书。

生： （正方）我是从生活角度来讲的，有的书看得多了就容易破掉，看得多也容易坏掉或者散掉。

……

师： 我听他们的发言，好像被他们说服了。反方的意见呢？

生： （反方）正方同学，书沾水就烂了，电子产品沾水坏得更快。

生： （反方）我认为纸质书是不会消失的，因为看纸质书感觉很愉悦，而看电子书感觉不能静心，而且眼睛也会弄坏。

生： （反方）我也是更喜欢可以放在书架上的真正的书，而不是电子书，纸质书可以让人感受到这种厚重的感觉。

生： （反方）可能大家没有注意，现在电子媒体越来越发达了，但是书的出版一点儿也没有减少，反而总量在增加。因为纸质书的阅读更深入，它也是一种文化的传承。

……

师： 很不好意思打断你们的辩论。我知道你们还想辩论下去，这个辩论简直可以说永无止境，有的人就经常这样在心里自己和自己辩论。我想强调的是什么呢？第一，总有人通过故事也好，直接说也好，发表自己的观点。这个观点，你可以接受，也可以不接受，但是无论你是接受还是不接受，要先问一问为什么。第二，如果有人通过书或其他途径发表了一个你不接受的观点，这很正常，他只是发表了他的观点。你的观点别人也未必同意！

通过群文学思考

单篇文章的教学当然也是可以引发思考的。只要教室里允许出现独到的发言，只要教室里包容不同的声音，只要老师能提出高质量的问题。然而，不能否认，多篇文章、多个方向的文章比一篇文章、一个方向的文章更能引发思考。我举个例子来说明。

一所学校建得非常漂亮，学校的微信群里，有家长的一条留言："走心设计，环保，'逼格'又高。"

我们可以把这条留言看作一篇文章。一篇文章往往表达一个观点、一个想法。教材里的一篇一篇文章都是"中心思想"比较明确的文章。因此，读一篇文章，读者思考的冲动是比较弱的。

其实，学校的微信群里有上百条家长的留言。

走心设计，环保，"逼格"又高。

赶快生个孩子来读书，压压惊。

好有创意的设计！好期待早一天拥有你。

我可以读一年级吗？

太梦幻了，入住童话世界了。

……

我们可以把这些留言看作多篇文章，读者读了之后，思考的欲望还是不强烈。为什么？因为虽有文章多篇，但文章所要表达的观点是一个方向、一个角度的，都是在赞美学校的漂亮，给读者的思考空间也是有限的。

我们再来看看网易论坛上网友看了这所学校的照片之后的留言。

走心设计，环保，"逼格"又高。

颜色那么艳，有毒。

好看顶个毛用。

像幼儿园，设计是抄的。

这是贵族学校吧，我们读不起。

我们可以把这些留言看作多篇文章，而且这些文章是多个方向的，有赞美，有认同；有质疑，有批判……读者读了之后，思考的冲动就强烈，深入思考的可能性就大。希望引发思考的群文阅读，所选的文章是多个方向的。

我组建的群文阅读研究团队开发了较多这种指向思考的课例。例如，让四年级的孩子看多篇关于狐狸的童话，同时也阅读介绍狐狸真实生活的知识性文章、视频。让学生思辨，然后慢慢得出自己的认识：我们不能通过童话去了解一种动物，童话中的动物形象是象征形象。

如何看待狐狸

【文章】

1. 《酸的和甜的》（人教版二年级上册课文）

2. 《狐狸的清白》《火焰》《北极狐卡塔》《欧洲狐狸的秘密生活》《我喜欢你，狐狸》《大灰狼，别怕》（《群文阅读——新语文读本》中的文章）

3. 《狐狸和乌鸦》（苏教版二年级上册课文）

4. 《狐假虎威》（苏教版二年级下册课文）

【教学目标】

1. 通过多文本阅读，感受故事中的狐狸狡猾奸诈、善于狡辩、仗势欺人的形象。

2. 通过视频、文字材料，引导孩子多途径了解真实动物世界中狐狸的生活状态。

3. 通过童话、寓言、科普文章、诗歌的对比阅读，初步了解童话故事中构建动物形象的象征手法。

【教学重点】

学习用默读、跳读、快速浏览和抓取主要信息的方法，通过多文本阅读，感受故事中的狐狸形象。

【教学难点】

通过对比阅读，初步学会辩证地看待狐狸，感受童话故事中使用的象征手法。

【教学流程】

文本阅读，感受狐狸的形象

1．小朋友，在你的印象中，狐狸是什么样的？（狡猾、自私、狐狸精、狐媚）你是怎么知道的？

2．学生说到哪一点，就引导他们阅读相关文本。

（1）自私、酸葡萄心理

① 引出学生刚学过的课文《酸的和甜的》。快速浏览课文，找出直接写狐狸的自然段读一读。

② 狐狸为什么说葡萄是酸的呢？（它吃不到葡萄就说葡萄酸，很自私。）

（2）狡猾、诌媚

① 默读《狐狸和乌鸦》，你觉得这里的狐狸又有什么特点？（狡猾、甜言蜜语）

② 如果学生体会得不深，说得不好，再引导：朗读故事中狐狸说的话，你觉得它说得怎么样？是事实吗？目的是什么？（为了骗取乌鸦口中的肥肉，狐狸说尽了甜言蜜语讨乌鸦的欢心，终于让乌鸦松懈，巧妙地得到了那块肉。）

（3）仗势欺人

① 听过《狐假虎威》这个寓言故事吗？看阅读材料《狐假虎威》，遇

到不认识的字，可以跳过去。

② 野兽们见了狐狸吓得纷纷逃走，它们真的是怕狐狸吗？（狗仗人势、仗势欺人）

③ 这个寓言故事告诉了我们什么道理？连起来说说"狐假虎威"的意思。

（4）善于狡辩

① 自由读《狐狸的清白》这首诗歌，你觉得狐狸清白吗？

② 他最爱吃什么？

（5）小结过渡

故事中的狐狸不是偷鸡摸狗，就是说谎骗人，狡猾、奸诈就是它的代名词。你们喜欢它吗？可是，有个小朋友却很喜欢它。

思维逆转，喜欢上狐狸

1．齐读《我喜欢你，狐狸》。诗歌中的小朋友为什么喜欢狐狸？（狡猾是机智，欺骗是有趣。）

2．现在，你还喜欢狐狸吗？如果你坚持自己"不喜欢狐狸"的看法，你准备怎么反驳这个小朋友？如果让你改变自己的看法，你准备怎么证明狐狸有可爱之处？在小组内讨论。

3．双方辩论。（狐狸是为了安慰自己，才说葡萄是酸的，有时候自我安慰可以缓解压力；狐狸本来是肉食动物，吃鸡也是生存的需要；乌鸦自己爱听好话，爱慕虚荣，才会上狐狸的当；老虎很笨，狐狸为了自保才想出这个办法，机智地救了自己。）

破解真相，还狐狸清白

1．狐狸这种动物的真实生活习性是怎样的呢？你觉得我们可以通过什么方法和途径获取我们想知道的信息？（看科教频道、上网百度、阅读图书如《十万个为什么》）

2．我们来看一段视频——《欧洲狐狸的秘密生活》。

你对狐狸有什么新的了解？

3．对照视频阅读文字材料，快速地把你的发现找出来，动作快的同学可以用波浪线画出来。

寻找狐狸的积极形象

1．正像人有好人、坏人之分一样，狐狸也有不同的形象。在著名作家西顿的笔下，狐狸就是一种非常有灵性、有母爱的动物。我们来看一只名叫"火焰"的狐狸的故事。

2．默读《火焰》。你喜欢这个故事里的狐狸吗？为什么？（想方设法营救自己的孩子，机智团结。）

3．阅读延伸：

北极狐卡塔还上了西顿动物英雄榜呢！这只北极狐，通过自己的努力，与瑞格结成了夫妻，过上了幸福的生活。抓北极鼠，逮野兔，抢鱼，尽力引开白狼……为了家庭，它尽到了责任。但在冬季，它被狗群围攻，无法逃脱，最终被杀。死前，它都没有发出一声悲戚的叫喊。

4．建议有兴趣的同学课后去读读《西顿动物小说全集》中的《北极狐传奇》。

探讨童话故事中的象征手法

1．既然狐狸是清白的，那为什么童话故事中老爱把它当成坏人来写呢？思考、讨论。

2．提示：童话故事中还有哪些动物也被当成坏人来写？（大灰狼、老虎等）

3．阅读诗歌《大灰狼，别怕》。你知道了什么？

4．小结：在童话故事中，人们习惯于用狐狸这种形象来描写现实生活中那些狡猾、奸诈的人。一看到狐狸，就知道它不是好东西。这种手法，叫象征。（板书：象征）

5．象征手法普遍运用于童话故事中，如小白兔象征着——聪明，小山羊象征着——善良，小黄狗象征着——忠实，小猴子象征着——机智等。这些小动物是童话故事中的主角，其实，它们就是生活中形形色色人物的反映。

课程实践

从2006年获得全国小学语文青年教师阅读教学评比一等奖开始，我就成了"迷惘的一代"。我开始感到迷惑：我为什么要参加那么多赛课？我为什么要花那么多时间打磨一节公开课？我似乎开始厌倦了，厌倦缘于发自内心的怀疑。

我曾经看过一则报道，看到获得美国杰出教师奖的是一个胖胖的华裔中年妇女。我凭直觉可以断定她获得该荣誉不是因为上了一节公开课，那么，她的"优秀"体现在哪里呢？她在教学上的精力用在何处呢？——她为孩子们构建课程：她读书给孩子们听，带孩子们做研究，充分利用家长资源，开发了一系列评价手段……所有这一切都是她系统规划的，而不是随机的、毫无目的一时兴起的。

同样，群文阅读再好，一个学期只试一次，能弥补单篇阅读的不足吗？能提高学生的阅读能力吗？不可能。因此，必须有人在课程层面做出努力。感谢蒋美仙老师基于教材、立足于每个单元做了群文阅读的尝试，并做了记录。

人教版五年级上册群文教学记录

/ 蒋美仙 /

第一单元

1. 阅读任务：寻找、确定文章的表达侧重点。

2. 文本选择：《窃读记》《小苗与大树的对话》《走遍天下书为侣》《我的"长生果"》。

新学期开学了，第一节语文课上什么呢？如果还是和以往一样上第一篇课文，孩子们会不会觉得太老套，吸引不了他们？他们已经是五年级的孩子了，该教给他们一些阅读方法了，于是我打破常规，试着上了一节群文阅读课，感觉效果还不错。

上课伊始，花了11分钟让孩子们浏览了第一单元的课文，让他们说说这个单元四篇课文的主题是什么。一倩不假思索地喊道："书！"我微微一笑说："说得快未必就是正确的，再想一想，到底在讲什么？"很多孩子都举起了手，陈鑫也高高地举起了手，我颔首示意他来回答。他站起来自信地回答道："这四篇课文都在讲读书。"我轻轻点点头，孩子们对他投去赞许的目光。

接着，我再次发问："这四篇课文都在讲读书，但是讲的侧重点一样吗？""不一样！"孩子们异口同声地回答道。"怎么不一样？"这下他们一下答不上来了。于是，我说："让我们再来浏览一遍课文，想一想每一篇课文侧重讲读书的什么方面。记住一定要边读边想哦！"我给孩子们8分钟时间再次读课文，我则把四篇课文的课题板书在黑板上。

8分钟后，我发问，孩子们犹豫着，我鼓励他们："试着说说看，你可以挑一篇你已经读懂的课文来说。"这时小硕、小纯、小开等十几个孩子勇敢地举起了手，我让小硕先说。小硕站起来，自信地说："我觉得《走遍天下书为侣》是讲读书方法的。"我赶紧在《走遍天下书为侣》的课题旁边写下"读书方法"四个字。我朝小硕竖起了大拇指。小硕接着说："这篇课文讲的读书方法是好书要反复读。""对，这样的读书方法我们用一句话来形容，就是——'书读百遍，其义自见'。"孩子们异口同声接上了话题。我高兴地对他们说："把掌声送给小硕，也送给你们自己！"教室里响起了欢快的掌声。

掌声激励了更多的孩子举起手。接下来，小多站起来说："我觉得《我的"长生果"》是讲读书的好处的。"孩子们听了纷纷点头同意。我在课题旁边写上了"读书好处"，并补充道："这篇课文的作者叶文玲以自己童年的亲身阅读经历告诉了我们阅读的好处——不仅养成了良好的阅读习惯，积累了优美词句，还悟得了写作方法，受益匪浅。"孩子们再次把掌声送给了小多。

　　接着小纯站起来说："我觉得《窃读记》是在讲读书的重要性。"孩子们不同意。启帆说："我觉得是在讲作者林海音酷爱读书。"小开说："我觉得是在讲林海音读书读得如痴如醉。"一倩说："我也觉得是在讲林海音喜欢读书。"我问孩子们："那你们觉得哪些同学的意见更恰当？"孩子们都说启帆、小开和一倩的意见是正确的。"林海音那么喜欢读书，读得如痴如醉，我们可以称之为什么读书？可以说是——""好读书。"孩子们齐声答道。我在课题的旁边写下"好读书"三个字。

　　接下来，陈鑫很快说《小苗与大树的对话》在讲要"多读闲书"。我快速板书后，追问道："什么是闲书？""闲书就是我们的课外书。""季美林先生告诉我们要多读课外书，而且要涉猎广泛，文史理哲都要看，就像暑假老师推荐的书目里既有关于科学的《让孩子着迷的77×2个经典科学游戏》《科学改变人类生活的119个伟大瞬间》，又有关于历史的《上下五千年》《三国演义》，还有关于数学的《生活中的数学》，更有你们爱看的童话故事、儿童小说、动物小说……你们的家长赞成你们看课外书吗？"大部分孩子高兴地说："赞成！"也有几个孩子沮丧地说："我奶奶不让我看课外书！""我妈妈就给我买老师推荐的书。""我爸爸限制我看课外书。"我对孩子们说："今后，你们可以理直气壮地对爸爸妈妈、爷爷奶奶说：'国学大师季美林先生都说孩子要多看课外书呢！'要知道，季美林先生可是国宝级的国学大师哦！"孩子们脸上露出了胜利的微笑。

　　我让孩子们看着板书总结出四篇课文主题一致，但是侧重点不同。我神秘地说："今天老师教了大家一种读书方法，是什么方法知道吗？"孩子们纷纷猜测，但是都没说到点子上。于是我总结道："像这样把主题一样，但作者不一样的几篇文章放在一起比较阅读，去发现每个作家写作的角度、写作的侧重点的不同，就叫'比较法'。比如，这四篇文章中就有一篇体裁和别的文章不同，知道是哪一篇吗？""《小苗与大树的对话》是一篇采访记录。""真能干！当然这四篇课文在写作方法上也各有千秋，我们在细读课文的时候再来探究。""群文阅读除了读同一主题不同作家的几篇作品，也可以读同一体裁不同主题的作品，比如同是说明文，但是说明对象、说明方法不同的几篇作品，或者同一个作家的不同作品。群文阅读能让我们在比较阅读中思考得更深、更广，收获更多，希望同学们以后在单元预习的时候，都能运用今天老师教给大家的这种群文阅读法去进行比较阅读。"

下课铃响起的时候，我看到孩子们意犹未尽，便随口问道："今天的语文课，你们喜欢吗？""喜——欢——"我的内心一下子充溢了喜悦之情，看样子，这开学第一课打响了。

第二单元

1. 阅读任务：比较同一主题文章的细微差别。
2. 文本：《梅花魂》《桂花雨》《小桥流水人家》。

在第一单元的整体教学中，我运用群文阅读教学法，重点让孩子们找出四篇课文内容上的共同点与不同之处，从而为后面的教学打下了良好的基础。然而，在第二单元的整体教学，即群文阅读中，孩子们给我的惊喜远远出乎我的意料。

"今天，我们开始学习第二单元，老师给大家10分钟时间，请同学们快速浏览第二单元的课文，包括'单元导语'和'回顾拓展二'，边读边思考：这组课文的共同点是什么？又有哪些不同之处？"我布置了学习任务，孩子们马上安静地阅读。

8分钟之后，大部分孩子已经读完，这比第一单元的阅读速度快了好多。（默读第一单元用时11分钟）"还没读完的同学请抓紧，老师最多再给你们1分钟时间；已经读完的同学好好思考老师刚才提出的问题。"我提醒道。

1分钟后，我让孩子们停下来，说说这个单元课文的共同之处。他们异口同声道："这个单元的主题是表达思乡之情。"老师迅速板书：主题——思乡之情。

"这个问题不难，因为有单元导语的帮助。那你们说说我们读懂这个共同点用的是《走遍天下书为侣》中所提到的哪种读书方法呢？是理解课文内容还是揣摩作者的写作目的，抑或是——（生齐答'揣摩写作目的'）哦，也就是说，虽然每个作者写的内容不一样，但是写的目的是一样的，都是表达思乡之情，是吧？那你们在阅读这三篇课文的时候还有什么其他发现吗？"我试探性地问道。

　　德塔第一个举起手，说道："我发现这三篇课文虽然都是抒发思乡之情，但是情感有浓淡之分，离开故乡越远，思乡之情越浓。"

　　"你很会读书！"我鼓励道，"那你能具体说说哪篇课文的思想之情最浓吗？"

　　"我发现《梅花魂》这篇课文中所表达的思乡之情是最强烈的，《桂花雨》和《小桥流水人家》中的思乡之情是淡淡的。"

　　"哇，你读得真仔细，真会体验！"我很激动，"那同学们，你们知道这是为什么吗？可以参考课前搜集的作者的资料试着解释。"

　　"《梅花魂》的作者陈慧瑛是新加坡作家，她写的是远在海外的游子——外祖父的思乡之情。而《桂花雨》的作者琦君和《小桥流水人家》的作者谢冰莹都是中国台湾作家，所以离故乡近一点儿，因而情感也淡淡的。"小硕说道。

　　"《梅花魂》中陈慧瑛的外祖父已经远离祖国，定居在新加坡，虽然非常思念故国，但从文中我们已经知道他永远回不了祖国了，因而对故乡的思念之情更强烈。而《桂花雨》与《小桥流水人家》的作者都是台湾人，台湾是祖国的一部分，只是他乡，因而流露在字里行间的思乡之情是淡淡的。"我进一步补充道，"中国人都有'叶落归根'的情结，哪怕在异国他乡扎下了根，对生他养他的故乡也始终怀着深深的思念之情，尤其是在晚年，更想回到故乡走一走，看一看，以解相思之苦。然而由于种种原因，很多人在离开祖国、离开故乡之后，终其一生再也没能踏上这片魂牵梦绕的土地，于是就只能在文字中寄托这份思念之情。这种'叶落归根'的思乡情结，已经深深地融入我们每个中国人的血脉之中，成为一种文化。从古至今，有很多文人墨客写下了无数思乡的诗词、文章，第5课中的古诗词三首就是不同朝代的作者写的。等你们长大之后，离开家乡，去异国他乡求学、工作、生活时，你们会对今天老师所说的思乡情结有更深的体会。"

我在黑板上写下：距离故乡越远，思乡之情越浓。然后再次启发道："你们还有什么发现？"

可馨把手举得高高的："我发现这个单元的课文，有的是写他人的思乡之情，比如，《梅花魂》的作者写的就是她的外祖父的思乡之情；有的是表达自己的思乡之情，比如，《桂花雨》和《小桥流水人家》的作者写的就是自己的思乡之情。"

"嗯，很好！还有其他发现吗？"

小开举起了手，说："我发现《梅花魂》的作者是借梅花来表达思乡之情，《桂花雨》的作者是借桂花来表达思乡之情，而《小桥流水人家》的作者是借故乡的美景来表达思乡之情。"

"哇，你都关注到了表达方法，真不错！"我真心夸赞道，"那你们知道这样的表达方法叫什么吗？"

"借景抒情！"良宇在下面高声叫道。"是的，就是借景抒情。"其他孩子随声附和。

我赶紧在黑板上写下：表达方法——借景抒情。

"还有什么发现吗？"我再次发问。

教室里安静下来，过了一会儿，嘉晨举起了手，说道："我发现这个单元的主题是表达思乡之情，但是第5课是古诗词，《梅花魂》是写一件事情，《桂花雨》和《小桥流水人家》则是写景。"

"非常棒！你都关注到了每篇课文的体裁不同！"我再次在黑板上写下：体裁不同——诗词、叙事、写景。

这个教学片段花时25分钟，孩子们的发现大大出乎我的意料，他们通过群文比较阅读，不仅读懂了这个单元文本的主题，更读懂了作者的表达方法，还关注到了文章体裁的不同，这是我在预设中没有想到的，让我很惊喜！这说明我们的孩子越来越会读书，越来越会思考，越来越会发现。这就是群文比较阅读想达成的目标，这比把课文一篇篇单独教学，给予孩子们的收获要大得多！阅读教学最终的目的并不是单单教会孩子们读懂某篇文章、某本书，而是教会他们思考，让他们养成独立思辨的能力，从而成为有思想的人！我想我已经在朝着这个目标努力进发。

当然，受限于对古诗词的理解能力，孩子们对第5课的三首古诗词谈得比较少，这也在情理之中，毕竟对古诗词的理解是有一定难度的，乍一读，很难深入理解。这也是这个单元的阅读教学中，老师要重点帮助孩子的地方。

第三单元

1. 阅读任务：感受作家的写作风格。
2. 文本：《鲸》《松鼠》《新型玻璃》《假如没有灰尘》。

第三单元的主题是说明文，学习这个单元的课文，不仅要让孩子们学习概括课文要点的方法，了解说明文所介绍的知识，还要让他们理解作者是如何运用常见的说明方法将这些知识要点写具体、写生动的，并体会说明文用词的准确性。更重要的是要让他们初步学会使用常见的说明方法，介绍自己熟悉的一种物品。其中第9课《鲸》和第10课《松鼠》虽然同属说明文，但是表达风格完全不同。所以在教学这个单元时，我就拿这两篇课文做了比较阅读。

在学完这两篇课文后，我让孩子们对这两篇课文进行了一番比较。

师：《鲸》和《松鼠》同样是说明文，但你发现没有，它们有着很大的不同？（生纷纷点头）那究竟有哪些地方不同呢？请你好好思考，可以从说明角度、说明方法、语言风格这几个方面来思考。（下发作业单）先请独立完成。

课文	《鲸》	《松鼠》
说明角度		
说明方法		
语言风格		

在学生独立完成的基础上，小组讨论，全班交流，完成作业单。

课文	《鲸》	《松鼠》
说明角度	侧重介绍鲸的形体特点和生活习性	侧重介绍松鼠的外形、性格和行动
说明方法	运用了列数字、做比较、举例子、打比方、做假设等说明方法	采用比喻、拟人手法生动形象地说明了松鼠的特点
语言风格	语言精练、平实，比较冷静、客观地叙述	语言生动、活泼，极具文学色彩，而且字里行间充满着作者对松鼠的喜爱之情

老师小结：是啊，同属说明文，我们把《鲸》这样的说明文称为科学小品文，因为作者在叙述的时候，很少加进个人的好恶，比较冷静、客观，条理特别清晰，让人一读就懂。很多商品、药品或者家用电器的说明书，就属于这一类。后面两篇课文《新型玻璃》和《假如没有灰尘》也都是科学小品文。

而像《松鼠》这样的课文，我们称为文艺性说明文。作者往往采用大量比喻、拟人手法，语言相对生动活泼，字里行间洋溢着作者个人的情感，或喜爱，或憎恶。比如我们四年级时曾经学过的《蟋蟀的住宅》，就是——（生答"文艺性说明文"），作者法布尔的字里行间也充满了对蟋蟀的喜爱、赞美之情，可读性比较强。今天我们学的布封的《松鼠》，字里行间也洋溢着对松鼠的喜爱之情。我们拓展阅读的布封的《马》，也是这类文章。文艺性说明文可读性强，但是条理没有科学小品文那么清晰。所以这两类说明文各有利弊。

不过，科学小品文与文艺性说明文是可以互相转换的。比如《鲸》这篇课文，我们也可以采用第一人称的写法，把它改写成文艺性说明文。文中也可以运用大量比喻、拟人的手法。想不想尝试一下？（生跃跃欲试）

好，那就请你们借助《鲸》这篇课文所介绍的知识要点，参考课外搜集的资料，运用恰当的说明方法，写一篇文艺性说明文《鲸的自述》。

思考：这个单元的整体教学，通过列表格的方式，帮助学生理解了不同风格的说明文表达上的差异。在后面的小练笔——《鲸的自述》中，孩子们自如地运用了本单元所学到的说明方法，展开介绍。大部分孩子都写得很生动，取得了不错的效果。

第四单元

1. 阅读任务：了解如何读启示类文章。
2. 文本选择：《钓鱼的启示》《通往广场的路不止一条》《落花生》《珍珠鸟》。

第四单元的主题是"生活的启示"。在学生单元整体预习的基础上，在学习了单元导语，明确了本单元的学习任务后，我给学生8分钟时间通读这组课文，而后发下一张作业单，让他们写写读了这组课文后所想到的，可以分几点罗列。孩子们拿到作业单后，就埋首写了起来。（这一举措的目的主要是让所有的孩子都动起来）

在接下来的交流及作业单的批阅中，我发现孩子们由于个人阅读水平的差异，想到的也不一样，但是大部分孩子在老师教学之前就已经基本读懂了这四篇课文的主题。《钓鱼的启示》，有的说是一次跟随父亲钓鱼的经历，让"我"明白了要遵守规则；有的说是在无人知晓的情况下，要经得起各种诱惑；有的则说是通过这件事明白了诚信的价值。《通往广场的路不止一条》的启示，孩子们写的更为丰富，小硕写的是"上帝为你关上了一扇门，就必定为你打开一扇窗"；小亦写的是"山重水复疑无路，柳暗花明又一村"；更多的孩子写的是当一种办法行不通的时候，可以试着从另一个角度去思考，找到新的解决问题的方法。孩子们已经学会了举一反三，真的让我感到欣慰。《落花生》一课，孩子们都写到了做人不能只讲究外表漂亮，要做一个对社会有用的人。《珍珠鸟》，孩子们也找到了文本的中心句："信赖，往往创造出美好的境界。"

关于写作方法，也有很多孩子写到了。《钓鱼的启示》和《通往广场的路不止一条》都是通过叙事来说明道理，而且《通往广场的路不止一条》还写了两件相关的事来说理。《落花生》则是借物喻人（我们在教学《梅花魂》的时候讲过这种写作方法，没想到孩子们还能将之迁移到这里），借助议论落花生的好处来说明——要做像落花生那样的人。《珍珠鸟》则是说明从珍珠鸟的身上感受到了信赖的美好。后两篇都是借物说理。

孩子们的自学已到这个程度，所以在后面的教学中，我重点关注了作者的写作风格。尤其是在教学《落花生》一课时，主要抓住了"我们姐弟几个都很高兴，买种，翻地，播种，浇水，没过几个月，居然收获了"，这句话更是让他们体会到了许地山朴素的文风、简练的文笔。

我先让他们仔细读读这句话，找找看似不合理的地方。

启帆：我觉得这里"居然"一词不妥，因为既然他们已经付出了辛勤的劳动，那收获就应该是顺理成章的呀，为什么要用"居然"一词呢？

师：问得好，我们一起来仔细读读这段话，看看能不能解决这个问题。

（生读第一段）

子轩：我认为这里的"居然"用得合情合理，因为他们是在一块荒地上播种的，这块地应该比较贫瘠，虽然付出了辛勤的劳动，但他们并没抱太大的希望，所以收获的时候，有点儿意外，而且从下文"母亲把花生做成了好几样食品"来看，收获还不错，因而这里用了"居然"一词。

师：子轩能联系上下文来理解这个词语，真会读书！再读读这句话，还有没有看似不合理的地方？

佳宇：（犹豫着举起手）我不知道说得对不对。（我颔首示意他说下去）这里"买种，翻地，播种，浇水"这四个词中间应该用顿号吧？老师不是说词语之间用顿号间隔吗？可是这里用的却是逗号，好像不太合理。

师：嗯，这是为什么呢？是不是作者用错标点了呢？

（教室里安静下来，过了一会儿，有孩子举起了手）

小硕：这里"买种，翻地，播种，浇水"四个词语是有先后顺序的，不是并列关系，所以不能用顿号间隔。

师：你说得很有道理，我们用顿号的词语之间一般是并列关系，而且能调换顺序。这里显然不能调换，所以不能用顿号。

泽宇：我补充，这四个词语其实是讲了四件事，因为是在荒地上翻地，播种，其实是很辛苦的。我们家门外有一个菜园，周末的时候，我偶尔会和爸爸一起翻地种菜，那是很累的。何况他们是在荒地上翻地，还得先拔掉杂草。

师：是的，这四个词语其实是讲了他们种花生的四个过程，有先后顺序，所以并不是作者用错了标点。刚才泽宇也讲了，其实种花生是很辛苦的，那作者这里为什么不具体写他们如何买种，如何翻地，如何播种，如何坚持浇水呢？

生：因为作者最主要的是讲议花生，议论花生才能说明主题，而种花生、收花生、尝花生都只是引子，是为了引出下文，所以作者写得很简略。(师板书：引子)

师：同学们说得真好！这种写法就叫——(生答"有详有略")是啊，许地山的笔名就叫——(生答"落花生")，所以他的文风也如落花生般朴素，在非紧要处，三言两语，一笔带过，直奔主题。通观全文，没有大肆渲染的地方，没有我们平常意义上的精彩的描写，语言都很朴素，很简洁，这就是许地山，这就是大作家"落花生"——文笔朴素、简练，含义却很隽永，让人回味无穷！

思考：这个单元的群文阅读，我采用了完成作业单的形式来展开，目的就是让更多的孩子养成边读书边思考的习惯，而非只有老师提问了才去思考。通过这样的作业单，我发现大部分孩子还是很会思考的。

图书在版编目（CIP）数据

让学生学会阅读：群文阅读这样做 / 蒋军晶著. —北京：
中国人民大学出版社，2016.7
ISBN 978 - 7 - 300 - 23047 - 4

Ⅰ. ① 让… Ⅱ. ① 蒋… Ⅲ. ① 阅读课—小学—教学参考
资料 Ⅳ. ① G623.233

中国版本图书馆CIP数据核字（2016）第 145841 号

让学生学会阅读——群文阅读这样做

蒋军晶 著

Rang Xuesheng Xue Hui Yuedu——Qunwen Yuedu Zheyang Zuo

出版发行	中国人民大学出版社			
社　　址	北京中关村大街31号		邮政编码　100080	
电　　话	010－62511242（总编室）		010－62511770（质管部）	
	010－82501766（邮购部）		010－62514148（门市部）	
	010－62515195（发行公司）		010－62515275（盗版举报）	
网　　址	http://www.crup.com.cn			
经　　销	新华书店			
印　　刷	北京华宇信诺印刷有限公司			
规　　格	720 mm × 1000 mm　1/16		版　次	2016年7月第1版
印　　张	16.75　插页1		印　次	2023年10月第21次印刷
字　　数	240 000		定　价	39.80元